Ênio Silveira

Engenheiro mecânico pela Universidade Federal do Ceará – UFC.
Engenheiro eletricista pela Universidade de Fortaleza – Unifor.
Diretor pedagógico do Sistema ATS de Ensino.
Professor de Matemática e Física em escolas particulares do estado do Ceará.

MATEMÁTICA
Caderno de Atividades 5

5ª edição

© Ênio Silveira, 2019

Coordenação editorial: Mara Regina Garcia Gay
Edição de texto: Iasmin Ferreira Silva, Paulo César Rodrigues dos Santos
Gerência de *design* e produção gráfica: Everson de Paula
Coordenação de produção: Patricia Costa
Suporte administrativo editorial: Maria de Lourdes Rodrigues
Coordenação de *design* e projetos visuais: Marta Cerqueira Leite
Projeto gráfico: Bruno Tonel
Capa: Bruno Tonel, Daniel Messias
   Ilustração: Ivy Nunes
Coordenação de arte: Wilson Gazzoni Agostinho
Edição de arte: Adriana Santana
Editoração eletrônica: Teclas Editorial
Coordenação de revisão: Elaine C. del Nero
Revisão: Adriana Bairrada, Edna Luna, ReCriar Editorial, Viviane T. Mendes
Coordenação de pesquisa iconográfica: Luciano Baneza Gabarron
Coordenação de *bureau*: Rubens M. Rodrigues
Tratamento de imagens: Joel Aparecido, Luiz Carlos Costa, Marina M. Buzzinaro
Pré-impressão: Alexandre Petreca, Everton L. de Oliveira Silva, Marcio H. Kamoto, Vitória Sousa
Coordenação de produção industrial: Wendell Monteiro
Impressão e acabamento: Forma Certa Gráfica Digital
Lote: 802.641
Código: 24119850

Dados Internacionais de Catalogação na Publicação (CIP)
(Câmara Brasileira do Livro, SP, Brasil)

Silveira, Ênio
   Matemática : caderno de atividades / Ênio Silveira. – 5. ed. – São Paulo : Moderna, 2019.

   Obra em 5 v. para alunos do 1º ao 5º ano.

   1. Atividades e exercícios 2. Matemática (Ensino fundamental) I. Título.

19-25636   CDD-372.7

Índices para catálogo sistemático:
1. Matemática: Ensino fundamental 372.7

Maria Paula C. Riyuzo – Bibliotecária – CRB-8/7639

ISBN 978-85-16-11985-0 (LA)
ISBN 978-85-16-11986-7 (LP)

Reprodução proibida. Art. 184 do Código Penal e Lei 9.610 de 19 de fevereiro de 1998.
Todos os direitos reservados
EDITORA MODERNA LTDA.
Rua Padre Adelino, 758 – Belenzinho
São Paulo – SP – Brasil – CEP 03303-904
Vendas e Atendimento: Tel. (0_ _11) 2602-5510
Fax (0_ _11) 2790-1501
www.moderna.com.br
2025
Impresso no Brasil

1 3 5 7 9 10 8 6 4 2

Apresentação

Estimado(a) aluno(a),

Este Caderno de Atividades foi elaborado com muito carinho para você!

Aqui você vai aplicar e melhorar seus conhecimentos em Matemática por meio da resolução de muitos exercícios.

O Caderno de Atividades está organizado em tarefas com exercícios variados que retomam os assuntos estudados no livro. Ao final de cada tarefa, há um desafio que vai exigir de você uma solução mais criativa.

Então, mãos à obra! Aproveite!

O autor

*Aos meus filhos:
Priscila, Ingrid e Ênio Filho,
minha inspiração, minha vida.*

Ênio Silveira

Sumário

Unidade 1 Os números 5
Tarefa 1, *5* ▪ Tarefa 2, *7* ▪ Tarefa 3, *9* ▪ Tarefa 4, *11* ▪ Tarefa 5, *13*
Tarefa 6, *15* ▪ Tarefa 7, *17*

Unidade 2 Adição e subtração 19
Tarefa 8, *19* ▪ Tarefa 9, *21*

Unidade 3 Geometria 23
Tarefa 10, *23* ▪ Tarefa 11, *25*

Unidade 4 Multiplicação e divisão 27
Tarefa 12, *27* ▪ Tarefa 13, *29* ▪ Tarefa 14, *31* ▪ Tarefa 15, *33* ▪ Tarefa 16, *35*
Tarefa 17, *37* ▪ Tarefa 18, *39* ▪ Tarefa 19, *41* ▪ Tarefa 20, *43* ▪ Tarefa 21, *45*

Unidade 5 Múltiplos e divisores de um número natural 47
Tarefa 22, *47* ▪ Tarefa 23, *49* ▪ Tarefa 24, *51* ▪ Tarefa 25, *53* ▪ Tarefa 26, *55*
Tarefa 27, *57* ▪ Tarefa 28, *59* ▪ Tarefa 29, *61* ▪ Tarefa 30, *63* ▪ Tarefa 31, *65*
Tarefa 32, *67* ▪ Tarefa 33, *69* ▪ Tarefa 34, *71*

Unidade 6 Medidas de comprimento, de tempo e de temperatura 73
Tarefa 35, *73* ▪ Tarefa 36, *75* ▪ Tarefa 37, *77* ▪ Tarefa 38, *79*
Tarefa 39, *81* ▪ Tarefa 40, *83* ▪ Tarefa 41, *85*

Unidade 7 Mais Geometria 87
Tarefa 42, *87* ▪ Tarefa 43, *89* ▪ Tarefa 44, *91*

Unidade 8 Números na forma de fração 93
Tarefa 45, *93* ▪ Tarefa 46, *95* ▪ Tarefa 47, *97* ▪ Tarefa 48, *99* ▪ Tarefa 49, *101*
Tarefa 50, *103* ▪ Tarefa 51, *105* ▪ Tarefa 52, *107* ▪ Tarefa 53, *109*

Unidade 9 Números na forma decimal 111
Tarefa 54, *111* ▪ Tarefa 55, *113* ▪ Tarefa 56, *115* ▪ Tarefa 57, *117*
Tarefa 58, *119* ▪ Tarefa 59, *121* ▪ Tarefa 60, *123*

Unidade 10 Medidas de superfície e de volume 125
Tarefa 61, *125* ▪ Tarefa 62, *127* ▪ Tarefa 63, *129* ▪ Tarefa 64, *131*

Unidade 11 Medidas de massa e de capacidade 133
Tarefa 65, *133* ▪ Tarefa 66, *135* ▪ Tarefa 67, *137*
Tarefa 68, *139* ▪ Tarefa 69, *141*

Unidade 1 — Os números

Tarefa 1

1 Peça ajuda a seu professor e pesquise:

a) três números de telefones de emergência que aparecem nas listas telefônicas. _____

b) o significado de DDD e DDI. _____

c) três códigos de DDD e um de DDI. _____

d) dois códigos de operadoras de telefonia. _____

2 Escreva:

a) o maior número de três algarismos. ▶ _____

b) o maior número de quatro algarismos diferentes. ▶ _____

c) o menor número de três algarismos diferentes. ▶ _____

3 Quantos números existem de 23 a 45? E quantos algarismos?

Existem _____ números e _____ algarismos.

4 Dê o que se pede em cada caso.

a) O sucessor de 69. ▶ _____

b) O antecessor de 800. ▶ _____

c) O sucessor ímpar de 117. ▶ _____

d) O antecessor de 100. ▶ _____

Unidade 1 — Os números

5 Escreva por extenso os números na forma ordinal.

a) 82º ▶ _____

b) 195º ▶ _____

c) 634º ▶ _____

d) 867º ▶ _____

6 Represente com números romanos.

a) 37 ▶ _____   d) 2 261 ▶ _____

b) 653 ▶ _____   e) 4 050 ▶ _____

c) 1 007 ▶ _____   f) 15 874 ▶ _____

7 Escreva utilizando algarismos indo-arábicos.

a) XXXIX ▶ _____   e) MCMLII ▶ _____

b) LVI ▶ _____   f) $\overline{\text{VII}}$CDIV ▶ _____

c) CXVI ▶ _____   g) $\overline{\text{IX}}$DCXX ▶ _____

d) DCXLI ▶ _____   h) $\overline{\text{LXX}}$CMIX ▶ _____

Desafio

Digite o número 573 em uma calculadora.

Agora, com uma única operação, quais teclas você deve apertar para:

a) trocar o 7 por 8?

b) trocar o 5 por 6?

c) trocar o 3 por 4?

DIEGO MUNHOZ

Depois de todas as trocas, qual foi o número obtido?

_____

6 seis

Unidade 1 Os números

Tarefa 2

1 Escreva por extenso os números na forma ordinal.

a) 856º ▶ _____

b) 1 760º ▶ _____

2 Responda.

a) Do número 19 ao número 26, quantos números existem? _____

b) Do número 118 ao número 150, excluídos esses números, quantos números existem? _____

3 Responda às questões.

a) Qual é o sucessor do maior número de três algarismos? _____

b) Qual é o antecessor de 17? _____

c) Quantos números formados por dois algarismos existem? _____

4 Observe os números a seguir. Depois, responda às questões.

345 186   39 154   753 102

a) Em qual dos números o algarismo 3 tem maior valor posicional?

_____

b) Qual é o algarismo que tem o mesmo valor posicional nos três números?

_____

sete 7

Unidade 1 **Os números**

5 Uma pessoa nasceu em MCMLXX. Quantos anos essa pessoa tem?

A pessoa tem _____ anos.

6 Responda.

a) Quantos números de três algarismos existem? _____

b) Quantos números de quatro algarismos existem? _____

7 Para numerar de 88 a 150, incluídos esses números, quantos números devemos escrever?

Devemos escrever _____ números.

8 Represente com números na forma ordinal.

a) Septingentésimo nonagésimo sexto ▶ _____

b) Octingentésimo septuagésimo primeiro ▶ _____

c) Quadringentésimo sexagésimo sexto ▶ _____

d) Nonagésimo terceiro ▶ _____

Desafio

Disponha, em cada quadradinho da figura, um número de 0 a 8, sem repeti-los, de modo que a soma dos algarismos das horizontais, das verticais e das diagonais seja sempre 12. Esse é o "quadrado mágico".

	4	

8 oito

Unidade 1 Os números

Tarefa 3

1 De 32 a 65, quantos números pares e quantos números ímpares existem?

Existem _____ números pares e _____ números ímpares.

2 De 65 a 218, quantos números existem?

Existem _____ números.

3 Quantos algarismos são necessários para numerar as 150 páginas de um livro?

São necessários _____ algarismos.

4 Para escrever os números de 23 a 97, determine:

a) quantos números são necessários. ▶ _____

b) quantos algarismos são necessários. ▶ _____

5 Responda às questões.

a) Quantos números pares de dois algarismos existem?
_____

b) Quantos números ímpares de três algarismos existem?
_____

nove 9

Unidade 1 — Os números

6 Dado o número 17 645 328, responda.

a) Qual é o algarismo de maior valor? _____

b) Qual é o algarismo de maior valor posicional? _____

c) Qual é o algarismo da 5ª ordem? _____

d) Qual é o nome dado à 8ª ordem? _____

7 Observe o gráfico e responda às questões.

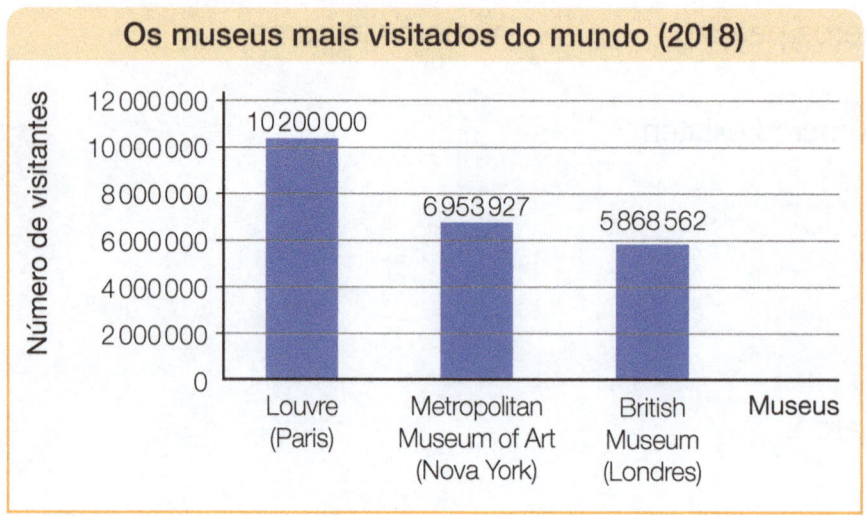

Dados obtidos em: <https://www.museus.gov.br/wp-content/uploads/2019/04/The-Art-Newspaper-Ranking-2018.pdf>. Acesso em: 12 jun. 2019.

a) Qual foi o museu mais visitado do mundo em 2018?
_____

b) Quantas pessoas visitaram o museu de Nova York em 2018? Escreva por extenso esse número.
_____

c) Podemos afirmar que mais de 5 milhões e 500 mil pessoas visitaram o British Museum em 2018? _____

 **Desafio**

Luís pintou a numeração de todas as poltronas de um cinema de 1 a 160 e recebeu R$ 2,00 por algarismo pintado. Quanto recebeu ao final do trabalho?

Luís recebeu _____ ao final do trabalho.

Tarefa 4

1 Ainda hoje podemos ver números romanos em relógios de pulso, de parede ou mesmo naqueles colocados em praças e jardins. Registre que horário estão marcando os relógios.

a)

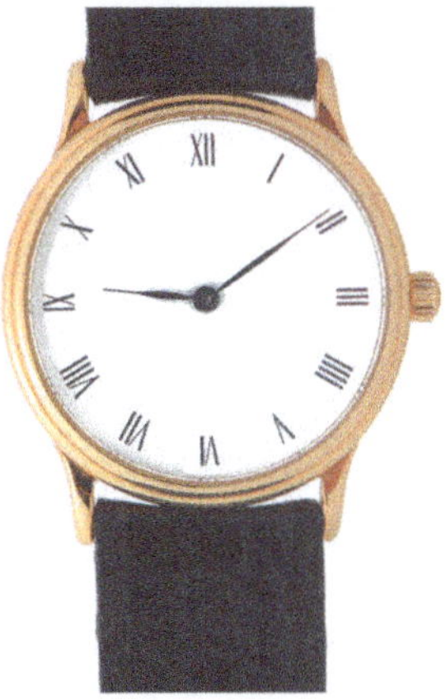

CRISTI180884/SHUTTERSTOCK

b)

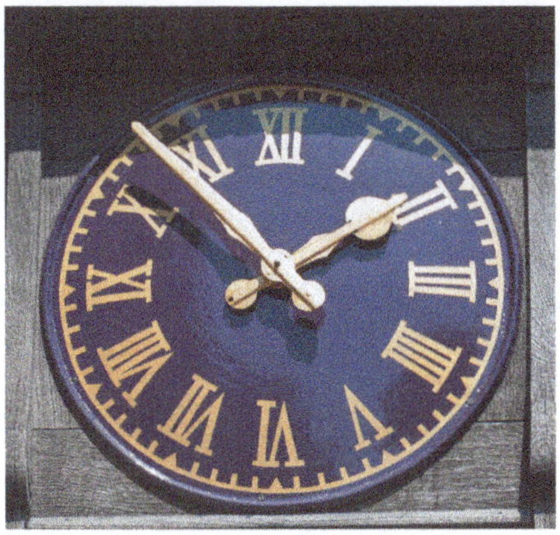

PHILIP BIRD LRPS CPAGB/SHUTTERSTOCK

______________________ ______________________

2 Cláudio e Letícia observavam as placas dos carros em um estacionamento.

DIRCEU VEIGA

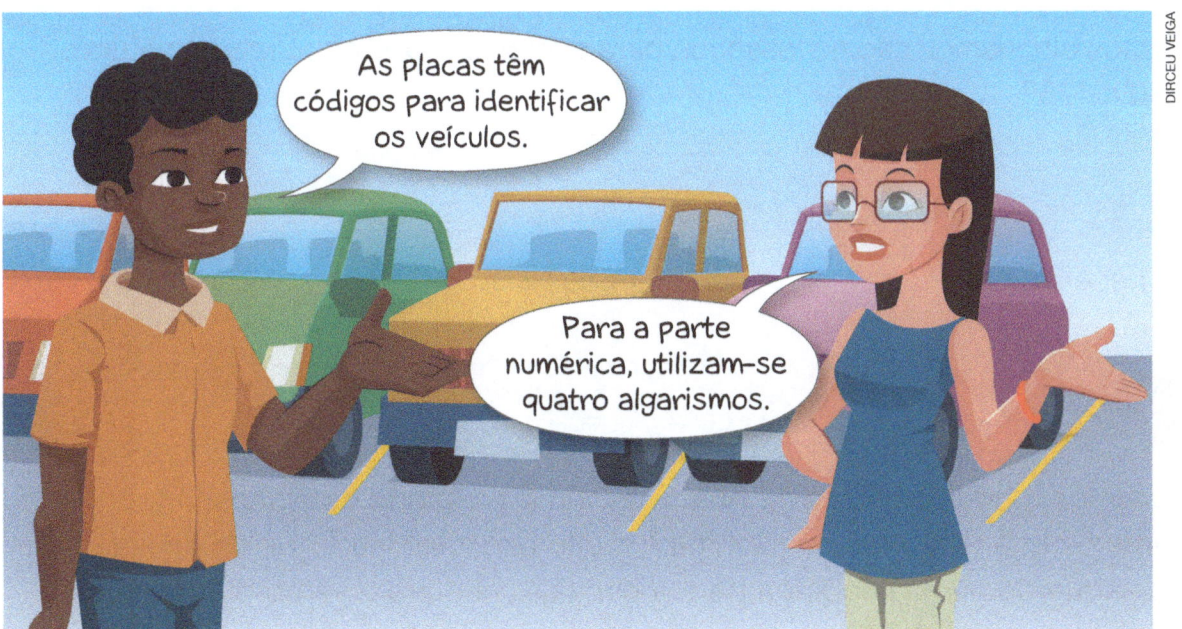

Crie seis placas diferentes com as letras ABC e com os algarismos 0, 3, 5 e 9, sem repeti-los na mesma placa.

____

____

Unidade 1 Os números

3 Escreva o que se pede.

a) O menor de todos os números naturais. _____

b) Dois números pares cuja soma seja um número ímpar.
_____

c) O número ordinal que representa a septuagésima colocação em um concurso. _____

d) O sucessor do maior número par de três algarismos. _____

4 Qual é o maior número de cinco algarismos diferentes? _____

5 Determine a quantidade necessária de algarismos para escrever todos os números naturais de 1 a 88.

São necessários _____ algarismos.

6 Quantos algarismos são necessários para escrever todos os números naturais de 30 a 176?

São necessários _____ algarismos.

 **Desafio**

Como vimos, podemos escrever qualquer número usando os algarismos. Há números que têm uma característica muito especial: lendo-os da direita para a esquerda ou da esquerda para a direita, o número é sempre o mesmo. Esses números são chamados de **palíndromos**. Veja alguns deles:

1 221   2 332   7 887   1 001

Invente quatro números palíndromos de cinco algarismos cada um.

_____

12 doze

Unidade 1 — Os números

Tarefa 5

1 Escreva com algarismos indo-arábicos os números registrados por extenso na tabela.

	Terra-Sol	Terra-Lua	Terra-Marte
Distância aproximada por extenso	Cento e quarenta e nove milhões e seiscentos mil quilômetros	Trezentos e oitenta e quatro mil e quatrocentos quilômetros	Setenta e oito milhões e trezentos mil quilômetros
Distância aproximada com algarismo indo-arábico	_____ quilômetros	_____ quilômetros	_____ quilômetros

2 Observe o mapa e a informação ao lado. Depois, escreva os arredondamentos da população para:

Em 2018, a população estimada do estado de Roraima era de 576 568 habitantes.

Fonte: IBGE. *Atlas geográfico escolar*. 6. ed. Rio de Janeiro: IBGE, 2012.

a) a unidade de milhar mais próxima.
_____

b) a dezena de milhar mais próxima.
_____

c) a centena de milhar mais próxima. _____

3 Decomponha os números como no exemplo.

$$76\,312 = 7 \times 10\,000 + 6 \times 1\,000 + 3 \times 100 + 1 \times 10 + 2$$

a) 537 = _____
b) 18 408 = _____
c) 185 018 = _____

Unidade 1 — Os números

4 Escreva por extenso.

a) 8 453 ▶ _____

b) 19 122 ▶ _____

c) 609 017 ▶ _____

d) 13 083 420 ▶ _____

e) 1 006 015 ▶ _____

f) 10 720 000 ▶ _____

g) 414 077 ▶ _____

h) 100 016 005 ▶ _____

5 Dado o número 6 183 457, responda às questões.

a) Quantas ordens tem esse número? _____

b) Quantas classes tem esse número? _____

c) Qual é o valor posicional do algarismo 8? _____

d) Qual é o algarismo de menor valor? _____

e) Qual é o algarismo de maior valor posicional? _____

6 Escreva um número que tenha 7 unidades de 2ª ordem, 3 centenas e 6 unidades de 4ª ordem.

_____

Desafio

A proclamação da República brasileira ocorreu em 1889. Entretanto, ao registrar essa data, Mário trocou o algarismo da 4ª ordem pelo algarismo da 3ª ordem. Escreva a diferença entre o ano errado e o certo em algarismos romanos.

_____

Proclamação da República, 1893, Benedito Calixto.

BENEDITO CALIXTO – PINACOTECA MUNICIPAL DE SÃO PAULO

14 catorze

Unidade 1 — Os números

Tarefa 6

1 O número 1 849 tem:

a) _____ unidades;

b) _____ dezenas;

c) _____ centenas;

d) _____ milhar.

2 Determine a soma de 17 dezenas com 25 centenas.

A soma é _____ unidades.

3 Calcule o valor de 20 meias centenas.

O valor é _____ unidades.

4 Quantas centenas há em um milhar?

Há _____ centenas.

5 Calcule a diferença entre a soma dos valores posicionais e a soma de todos os algarismos do número 6 875.

A diferença é _____ .

Unidade 1 — Os números

6 Escreva por extenso os seguintes números:

a) 10 000 005 ▶ _____

b) 5 000 000 600 ▶ _____

7 Quantas ordens tem o número 100 000? _____

8 Observe as bolinhas que foram sorteadas do globo. Agora, responda à questão.

▶ Qual é o maior número natural com ordem de grandeza na dezena de milhar que pode ser composto com esses algarismos? E o menor?

_____

 **Desafio**

Pedro contratou José para realizar uma tarefa durante 7 dias. Combinou que o pagamento seria feito diariamente e que José receberia, ao final de cada dia, 1 cm de uma barra de ouro cujo comprimento inicial era 7 cm. Como Pedro fez para pagar José diariamente, se ele deu apenas dois cortes na barra de ouro?

Unidade 1 — Os números

Tarefa 7

1 Leia o que Mônica e Roberta disseram.

Mônica: "Para descobrir o antecessor de um número, adicionamos 1 a esse número."

Roberta: "Para descobrir o sucessor de um número, basta adicionar 1 a esse número."

Qual delas fez uma afirmação incorreta? Corrija essa informação.

_____

2 Arredonde para a unidade de milhar mais próxima.

a) 89 756 ▶ _____

b) 144 328 ▶ _____

3 Observe a tabela, que mostra as estimativas da população de cada estado da região Sul em 2018.

Depois, responda às questões.

a) Qual é o estado da região Sul com o maior número de habitantes? E com o menor?

_____

_____

b) Qual é o valor posicional do algarismo 9 em cada número da tabela?

_____

_____

Estimativas da população dos estados da região Sul (2018)	
Estado	Habitantes
Paraná	11 348 937
Santa Catarina	7 075 494
Rio Grande do Sul	11 329 605

Dados obtidos em: <ftp://ftp.ibge.gov.br/EstimativasdePopulacao>. Acesso em: 14 jun. 2019.

dezessete 17

Unidade 1 - Os números

4 Observe atentamente o gráfico e escreva o nome do estado que corresponde a cada uma das populações.

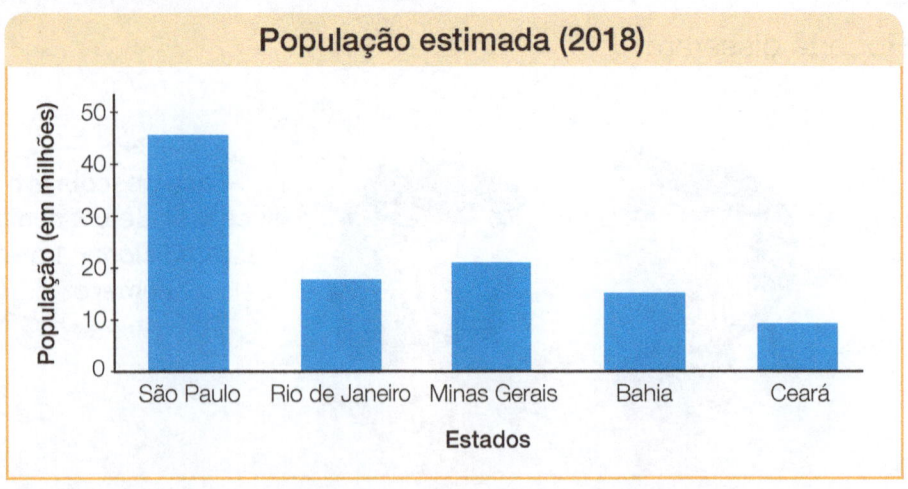

Dados obtidos em: <https://cidades.ibge.gov.br>. Acesso em: 12 jun. 2019.

a) 9 075 649 habitantes ▶ _____

b) 21 040 662 habitantes ▶ _____

c) 14 812 617 habitantes ▶ _____

d) 17 159 960 habitantes ▶ _____

e) 45 538 936 habitantes ▶ _____

 **Desafio**

O Fundo de População das Nações Unidas fez uma projeção para 2020 da população das maiores metrópoles do mundo. Com os dados, crie um problema que envolva a cidade de São Paulo. Depois, resolva-o.

As maiores metrópoles do mundo		
Cidade	País	População (estimativa para 2020, em milhões)
Tóquio	Japão	37
Deli	Índia	30
Xangai	China	27
São Paulo	Brasil	22
Cidade do México	México	22
Cairo	Egito	21

18 dezoito

Unidade 2 — Adição e subtração

Tarefa 8

1 Efetue as seguintes operações.

a) 1 285 − 1 097 = _____

b) 20 000 − 12 352 = _____

2 Observe João e sua mãe em frente à vitrine de uma loja.

Agora, responda às questões.

a) Faça mentalmente uma estimativa de quanto a mãe de João gastará se comprar o que ele quer.
_____

b) Calcule o valor exato da compra.
_____

3 Em uma subtração, o minuendo é 324 e o resto é 116.

Qual é o valor do subtraendo? _____

Unidade 2 — Adição e subtração

4 Calcule e complete corretamente.

a) 12 345 − □ = 10 057

b) 4 845 + 137 + □ + 2 = 6 072

5 Um grupo de voluntários decidiu plantar durante o final de semana 1 084 mudas em um parque. No sábado, plantaram 586 mudas. Quantas mudas deverão plantar no domingo para completar essa ação?

Deverão plantar _____ mudas no domingo.

6 No 1º quadrimestre de 2019, foram produzidos 98 650 automóveis por uma montadora. Complete a tabela com a quantidade de automóveis que foram produzidos no mês de março.

Produção de automóveis	
Mês	Automóveis produzidos
Janeiro	25 800
Fevereiro	19 336
Março	
Abril	28 715

Dados obtidos pela montadora em maio de 2019.

7 Faça mentalmente uma estimativa do resultado das operações. Depois, calcule os valores exatos.

a) 247 + 1 358

b) 1 910 + 94

c) 5 648 + 4 702

d) 25 105 + 7 498

 **Desafio**

O resto de uma subtração é 425. Se adicionarmos 15 ao minuendo e 22 ao subtraendo, qual será o novo resto?

O novo resto será _____.

Unidade 2 — Adição e subtração

Tarefa 9

1. Em uma subtração, o subtraendo é 142 e o resto é 1 845.

Qual é o minuendo? _____

2. Em uma adição de 3 parcelas iguais, a soma é 432.

Qual é o valor de cada parcela? _____

3. Em um acampamento, 14 crianças estavam brincando. Algumas delas pararam de brincar e entraram em uma barraca, ficando apenas cinco do lado de fora. Quantas crianças entraram na barraca?

Entraram _____ crianças na barraca.

vinte e um 21

Unidade 2 Adição e subtração

4 Em uma subtração, o resto é 50 e o subtraendo é 45. Qual é o minuendo?

O minuendo é _____.

5 Em uma subtração, o minuendo é 90 e o resto é 76. Qual é o subtraendo?

O subtraendo é _____.

6 Substitua cada quadrinho por um número de modo que as sentenças sejam verdadeiras.

a) ■ − 4 250 = 2 500

b) 7 000 − ■ = 1 500

7 Faça uma estimativa e verifique se o resultado de 6 300 menos 1 280 está mais próximo de 5 000 ou de 5 100.

Com uma calculadora, determine o resultado dessa subtração e verifique se ele se aproxima da sua estimativa.

Desafio

Veja como Luciano subtraiu 250 de 450.

450 − 250 = ?

450 − 50 = 400
400 − 200 = 200
Então,
450 − 250 = 200

Você seria capaz de efetuar essa subtração de outra forma? Escreva o procedimento utilizado.

_____

_____

Unidade 3 — Geometria

Tarefa 10

1 Observe os prismas e responda às questões.

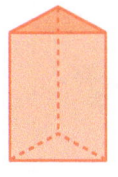 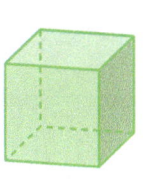 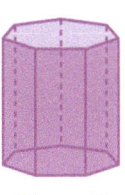

Figura I   Figura II   Figura III

a) Quantas faces tem cada um dos prismas?

_____

b) Quantas arestas tem cada um dos prismas?

_____

c) Quantos vértices tem cada um dos prismas?

_____

d) Qual é a forma das bases de cada prisma?

_____

e) Escreva o nome dos prismas.

_____

_____

2 Escreva **P** para figuras que podem ser classificadas como poliedros e **CR** para figuras que podem ser classificadas como corpos redondos.

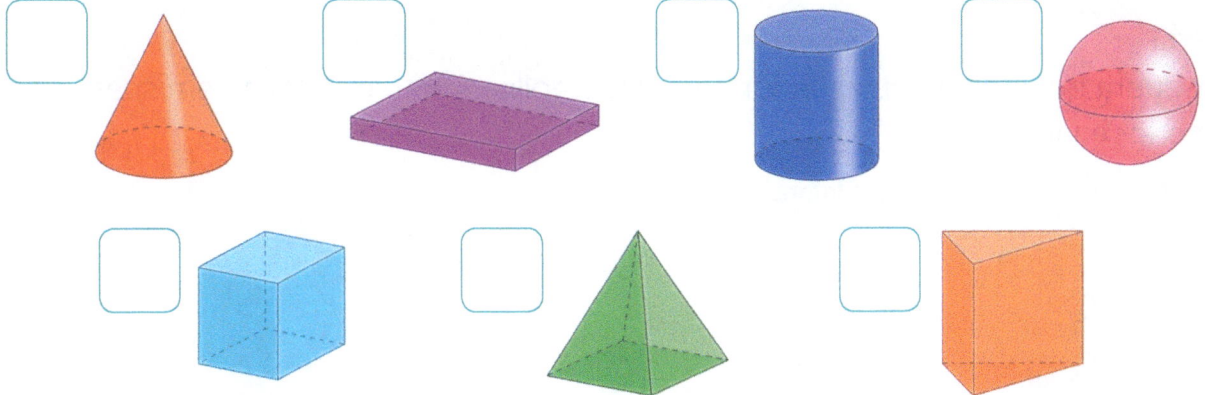

Quais são as semelhanças entre os poliedros?

_____

Unidade 3 — Geometria

3 Observe a planificação da caixa. Depois, complete com as medidas correspondentes.

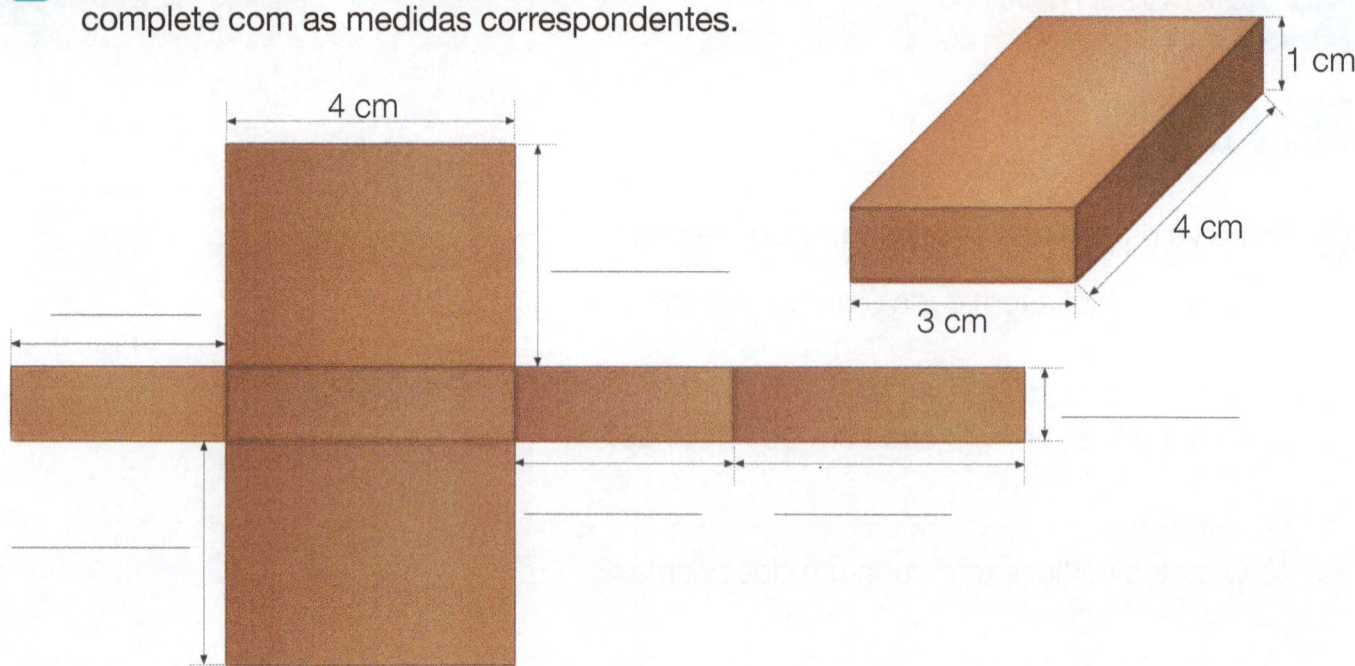

4 Escreva o número de faces (F), arestas (A) e vértices (V) de cada figura.

a)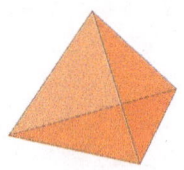

Tetraedro
F = _____
A = _____
V = _____

b)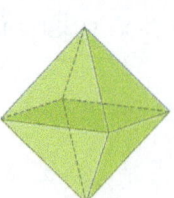

Octaedro
F = _____
A = _____
V = _____

 **Desafio**

Descubra quantos bloquinhos formam um empilhamento com base em suas vistas superior e lateral.

Vista superior   Vista lateral

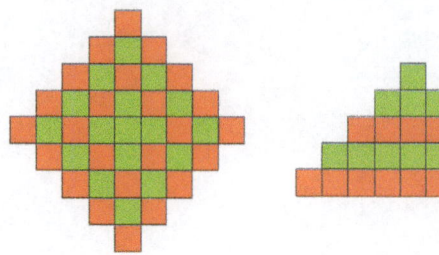

_____ cubinhos.

Unidade 3 — Geometria

Tarefa 11

1 Observe os objetos e identifique quais prismas eles lembram.

a)
_____

c)
_____

b)
_____

d)
_____

2 Responda às questões.

a) Nas planificações da superfície de uma pirâmide, sempre haverá triângulos? Por quê?

_____

b) Nas planificações da superfície de um prisma, nunca haverá triângulos. Isso é verdadeiro? Por quê?

_____

_____

3 Complete as frases com o nome do corpo redondo correspondente.

a) A _____ não possui base.

b) O _____ tem um vértice.

c) O _____ tem duas bases.

vinte e cinco 25

Unidade 3 — Geometria

4 Veja as formas geométricas espaciais e, depois, escreva o nome de cada uma delas.

a)

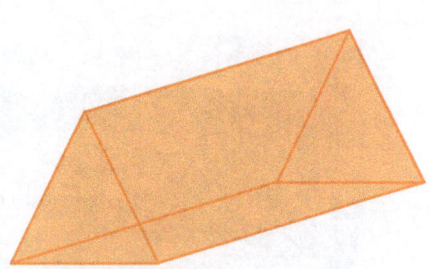

_____

c)

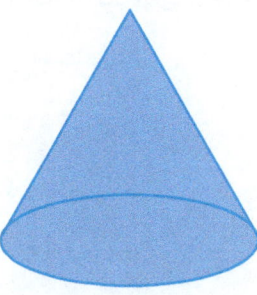

_____

b)

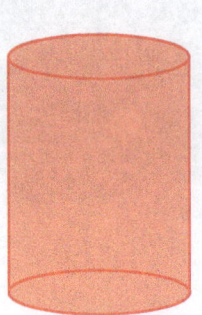

_____

d)

_____

Desafio

Resolva os problemas.

a) A base de uma pirâmide é um polígono de 7 lados. Quantos vértices tem essa pirâmide?

_____

b) Uma pirâmide tem 10 faces (incluindo a base). Quantos vértices tem essa pirâmide?

_____

Unidade 4 — Multiplicação e divisão

Tarefa 12

1 Calcule o valor das expressões.

a) $15 + 16 \div 4 - 3 \times 2 =$

b) $7 \times 8 \div 2 - 15 =$

c) $8 \div 4 \div 2 \times 3 + 20 =$

_____   _____   _____

2 Em uma divisão, o quociente é o maior número natural de um algarismo, e o divisor é o menor número natural de três algarismos diferentes. Qual é o dividendo, sabendo que o resto é o maior possível?

O dividendo é _____.

3 O produto de dois números é 420. Um dos fatores é 15. Qual é o outro fator?

O outro fator é _____.

4 Em uma divisão, o resto é 18, o dividendo é 1 558 e o quociente é 55.

Qual é o divisor? _____

5 Em 1 caixa cabem 2 dúzias de latas de suco. Quantas latas poderão ser guardadas em 55 dessas caixas?

Poderão ser guardadas _____ latas.

6 O funcionário de um supermercado colocou 2 640 refrigerantes do estoque em caixas de 2 dúzias. Quantas caixas utilizou?

O funcionário utilizou _____ caixas.

7 Um carro percorre em média 12 quilômetros com 1 litro de combustível. Quantos litros de combustível são necessários para percorrer 648 quilômetros?

Serão necessários _____ litros de combustível.

8 Em um terreno de 6 000 metros quadrados foram reservados 2 400 metros quadrados de área livre. No restante, foram construídas 50 salas de mesma área. Quantos metros quadrados tem cada sala construída?

Cada sala construída tem _____ metros quadrados.

Desafio

Se multiplicarmos o dividendo e o divisor pelo mesmo número, o que acontecerá com o quociente? Dê um exemplo.

_____

Unidade 4 — Multiplicação e divisão

Tarefa 13

1 Calcule:

a) 136 × 1 025 =

b) 1 620 ÷ 12 =

c) 82 170 ÷ 15 =

2 Complete corretamente.

a)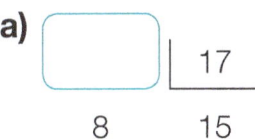

8   15

b)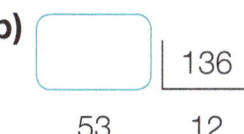

53   12

3 Resolva as expressões.

a) 3 + 10 ÷ [8 ÷ (3 × 5 − 11)] =

b) 60 − [40 − 20 + 10 − (2 × 4 − 3)] =

4 Determine o que se pede.

a) Em uma multiplicação, o produto é 4 352 e o multiplicador é 17.

Qual é o multiplicando? _____

b) Em uma divisão, o quociente é 12, o divisor é 17 e o resto é 5.

Qual é o dividendo? _____

Unidade 4 | Multiplicação e divisão

5 O dobro de um número mais 15 é igual a 47. Qual é esse número?

O número é _____.

6 Paulo correu 10 000 metros em uma pista de 250 metros de comprimento.
Quantas voltas ele deu?

Paulo deu _____ voltas.

7 Mariana comprou um terreno de 1 600 metros quadrados. Determine o preço do terreno, sabendo que ela pagou R$ 150,00 pelo metro quadrado.

O terreno custou _____.

8 Determine o valor das seguintes expressões numéricas.

a) [2 × (6 + 3) + (12 + 8) ÷ 4] − 1 =

b) 10 + [15 − (2 × 4 + 1)] ÷ 3 =

 **Desafio**

Quantos cubos há na figura ao lado?

Há _____ cubos na figura.

Unidade 4 — Multiplicação e divisão

Tarefa 14

1 Resolva a expressão.

20 + [60 − (6 + 64 ÷ 16) × 3] × 3 =

2 Calcule o que se pede.

a) O triplo da metade de 18. _____

b) O número que adicionado a 189 dá como resultado 5 centenas. _____

3 Calcule o valor do ☐ nas igualdades.

a) (☐ ÷ 5) × 3 = 30

b) (☐ + 10) ÷ 4 = 9

c) 2 × ☐ + 36 = 64

d) ☐ + ☐ + ☐ + ☐ + 12 = 84

e) 2 × ☐ + ☐ + 8 = 53

f) (☐ + 5) × 2 = 60

Unidade 4 — Multiplicação e divisão

4 O triplo de um número menos 12 é igual a 60. Qual é esse número?

O número é _____.

5 A soma de dois números é 64. O maior é o triplo do menor. Quais são esses números?

Os números são _____.

6 Pensei em um número e a seguir adicionei 7. Dividi o resultado obtido por 3 e encontrei 10. Em que número pensei?

Pensei no número _____.

 **Desafio**

Preencha os quadrinhos com os números de 1 a 9, de modo que o produto dos números de uma linha ou de uma coluna corresponda aos números indicados. Atenção! Cada algarismo poderá ser usado uma só vez.

☐ × ☐ × ☐ = 45
×   ×   ×
☐ × ☐ × ☐ = 96
×   ×   ×
☐ × ☐ × ☐ = 84
=   =   =
126   18   160

Unidade 4 — Multiplicação e divisão

Tarefa 15

1 Calcule o valor do termo desconhecido nas seguintes expressões.

a) $107 \times \square = 2033$

b) $\square \div 12 = 13$

c) $23 \times \square = 690$

d) $\square \div 52 = 121$

2 Bia comprou um pacote de viagem para sua mãe. Se ela deu R$ 114,00 de entrada e mais 5 parcelas iguais de R$ 72,00, qual é o valor do pacote de viagem?

O valor do pacote de viagem é _____.

3 A soma de dois números é 108. O maior é o triplo do menor mais 4. Quais são esses números?

Esses números são _____.

4 Luís e Ângelo têm, juntos, 75 anos. Luís é 17 anos mais velho que Ângelo. Qual é a idade de cada um?

Luís tem _____ anos e Ângelo tem _____ anos.

trinta e três 33

Unidade 4 | Multiplicação e divisão

5 A soma das idades de Paula e Luma é 60 anos.
Paula tem o quádruplo da idade de Luma.
Qual é a idade de Paula?

Paula tem _____ anos.

6 Dividi 40 laranjas entre Carlos e Davi, de modo que Carlos recebeu o triplo da quantidade de laranjas que Davi recebeu mais 8 laranjas.
Quantas laranjas recebeu Davi?

Davi recebeu _____ laranjas.

7 A soma do dobro e do triplo de um número é igual a 175. Calcule esse número.

O número é _____ .

Desafio

Tenho 9 laranjas. Todas têm a mesma massa, menos uma que está estragada e, por isso, mais leve. Usando uma balança de dois pratos e com apenas duas pesagens, como posso descobrir a laranja estragada?

_____
_____
_____
_____
_____
_____

Unidade 4 — Multiplicação e divisão

Tarefa 16

1 Calcule o valor do termo desconhecido nas seguintes igualdades.

a) (☐ × 8) ÷ 3 = 40   b) 2 × ☐ − 30 = 50   c) 3 × ☐ + 13 + 2 × ☐ = 78

_____   _____   _____

2 Resolva a seguinte expressão.

[50 − (6 + 64 ÷ 16) × 3 + (4 + 8 ÷ 4)] =

3 A soma de dois números consecutivos é 51. Determine-os.

Os números são _____.

4 A soma de dois números é 740 e a diferença é 80. Quais são os números?

Os números são _____.

5 O quíntuplo de um número mais 15 é igual a 5 dúzias. Qual é esse número?

O número é _____.

6 Escreva uma expressão numérica que represente a situação descrita em cada item.

a) Calculei o triplo da soma de 20 com 7 e adicionei o resultado ao quádruplo da soma de 10 com 5.

b) Subtraí a metade da soma de 16 com 8 do produto de 4 por 7.

7 Beatriz e Luísa têm, juntas, 28 anos. Beatriz é 4 anos mais velha que Luísa. Qual é a idade de cada uma?

Beatriz tem _____ anos e Luísa tem _____ .

8 O quociente de uma divisão exata é 48. Multiplicando-se o dividendo por 2, qual será o novo quociente?

O novo quociente será _____ .

 **Desafio**

Um tijolo pesa um quilograma mais meio tijolo. Quanto pesa um tijolo inteiro?

Um tijolo pesa _____ quilogramas.

Unidade 4 — Multiplicação e divisão

Tarefa 17

1 Resolva.

{100 + [56 + (64 ÷ 8 + 24) ÷ 4] ÷ 2} ÷ 12 =

2 Bruno e Mário têm, juntos, 86 coelhos. Mário tem 22 coelhos a mais que Bruno. Quantos coelhos tem Bruno?

Bruno tem _____ coelhos.

3 A soma de dois números é 65. Determine esses números, sabendo que um deles é o quádruplo do outro.

Os números são _____.

4 O dobro de um número mais 60 unidades é igual a 100. Qual é esse número?

O número é _____.

5 A soma de dois números pares e consecutivos é 46. Determine-os.

Os números são _____.

trinta e sete

Unidade 4 | Multiplicação e divisão

6 Em uma divisão, o quociente é 8, o divisor é 6 e o resto é o maior possível. Qual é o dividendo?

O dividendo é _____.

7 A soma de dois números é 180 e a diferença entre eles é 44. Determine esses números.

Os números são _____.

8 Roberto foi a um concurso em uma rádio e respondeu a quatro perguntas. Acertou a 1ª pergunta e ganhou certa quantia inicial. Acertou a 2ª pergunta e ganhou mais o dobro da quantia inicial. Acertou a 3ª pergunta e ganhou mais o triplo da quantia inicial. Acertou a 4ª pergunta e ganhou mais o quádruplo da quantia inicial. Ao todo, ele ganhou R$ 3 600,00. Qual era a quantia inicial?

A quantia inicial era _____.

Desafio

A soma dos termos de uma subtração (minuendo + subtraendo + resto) é 400. Qual é o minuendo dessa subtração?

O minuendo é _____.

Unidade 4 — Multiplicação e divisão

Tarefa 18

1 Observe a imagem ao lado e descubra como Iaci calculou o resultado de uma multiplicação.

> 15 × 99 =
> = 15 × (100 − 1) =
> = 15 × 100 − 15 × 1 =
> = 1500 − 15 = 1485

Calcule o resultado das multiplicações como achar mais fácil e registre as respostas.

a) 57 × 99 =

b) 42 × 105 =

c) 25 × 98

d) 84 × 1001

▶ Agora, compare seus cálculos com os de um colega. Vocês fizeram as multiplicações da mesma forma? Os resultados foram os mesmos?

2 Observe a tabela e, em seguida, responda às questões.

Altura dos montes mais altos de alguns continentes		
Nome do monte	Continente	Altura aproximada
Everest	Ásia	8 848 metros
Kilimanjaro	África	5 895 metros
Elbrus	Europa	5 642 metros

Dados obtidos em: *Calendário Atlante De Agostini* – 2014. Novara: Instituto Geográfico de Agostini, 2015.

a) O Pico da Neblina tem aproximadamente 2 994 metros de altura e é o ponto mais alto do Brasil. Você sabe em que estado ele se localiza?

b) O Pão de Açúcar é um morro que fica na cidade do Rio de Janeiro e tem mais ou menos 396 metros de altura. Aproximadamente quantas vezes a altura do Pão de Açúcar corresponde à altura do Monte Everest? E à altura do Monte Kilimanjaro? E à altura do Monte Elbrus?

trinta e nove

| Unidade | 4 | Multiplicação e divisão |

3 Use uma calculadora para efetuar os cálculos.

a) Multiplique o número 10 101 pelos seguintes números: 35, 18 e 92.

_____

b) Observe os resultados obtidos e, sem fazer contas, escreva o produto que você espera obter para a multiplicação: 10 101 × 57. Verifique se o resultado está correto.

_____

c) Explique para um colega como você pensou para obter o produto da multiplicação 10 101 × 57 sem fazer conta.

4 Calcule o valor da expressão de duas maneiras.

$$4 \times (22 + 35)$$

Desafio

Na imagem ao lado, veja a divisão que Isabela fez.

▶ Agora, explique por que ela colocou zero no quociente.

```
   M C D U
   1 5 4 0 | 5
  -1 5     |3 0 8
   ---     | C D U
     0 4
    -  0     Cálculos auxiliares
     ---     3 × 5 = 15
       4 0   0 × 5 = 0
      -4 0   8 × 5 = 40
       ---
         0
```

DIRCEU VEGA

Unidade 4 — Multiplicação e divisão

Tarefa 19

1 Calcule o quociente e o resto de cada divisão.

a) 240 ÷ 16

quociente: _____, resto: _____.

b) 832 ÷ 13

quociente: _____, resto: _____.

c) 4 860 ÷ 45

quociente: _____, resto: _____.

d) 804 ÷ 25

quociente: _____, resto: _____.

e) 4 100 ÷ 17

quociente: _____, resto: _____.

f) 25 305 ÷ 50

quociente: _____, resto: _____.

2 Leia e responda à questão.

Márcio trabalha no estoque de uma distribuidora de suco e precisa colocar 4 140 garrafas de suco em caixas de 3 dúzias. De quantas caixas ele vai precisar?

Ele vai precisar de _____ caixas.

3 Qual é o valor de uma televisão paga em 9 parcelas de R$ 148,00?

Seu valor é _____.

Unidade 4 — Multiplicação e divisão

4 Observe a imagem ao lado e descubra como Bruno fez uma estimativa. Depois, responda às questões.

Balão de pensamento: 4 549 ÷ 4?

Balão de fala: Se fosse 4 000 ÷ 4, daria 1 000. Se fosse 4 800 ÷ 4, daria 1 200. Então, 4 549 ÷ 4 tem quociente maior que 1 000 e menor que 1 200.

▶ Um revendedor de eletrodomésticos comprou 4 produtos iguais e pagou à vista com um cheque no valor de R$ 4 549,00. Quanto custou cada eletrodoméstico?

a) A que conclusão Bruno chegou?

_____

_____

b) Calcule o valor exato de cada produto por meio do algoritmo da divisão e depois com uma calculadora. Compare seu cálculo com o resultado na calculadora.

_____

_____

_____

Desafio

(OBMEP) Dois ônibus foram contratados para uma excursão da escola. Quando os ônibus chegaram, 57 alunos entraram no primeiro ônibus e apenas 31 no segundo. Quantos alunos devem passar do primeiro para o segundo ônibus para que a mesma quantidade de alunos seja transportada nos dois ônibus?

_____

Unidade 4 — Multiplicação e divisão

Tarefa 20

1 Laís, José e Cadu possuem juntos R$ 640,00. Laís tem R$ 216,00 e José tem R$ 74,00 a mais que ela. Quanto possui Cadu?

Cadu possui _____.

2 Beatriz comprou 3 cadernos a R$ 14,40 cada um, 2 borrachas a R$ 0,80 cada uma e meia dúzia de canetas a R$ 0,60 cada uma. Quanto ela gastou?

Beatriz gastou _____.

3 Bete realizou várias compras com o cartão de crédito, no total de R$ 340,00. Como atrasou o pagamento, o valor foi acrescido de sua décima parte, que é a taxa do seu cartão. Quanto Bete pagou?

Bete pagou _____

4 Manuel comprou um aparelho de DVD e pagou em 7 parcelas. As três primeiras foram de R$ 72,00 e as quatro últimas, de R$ 96,00. Quanto custou o aparelho?

O aparelho custou _____.

Unidade 4 — Multiplicação e divisão

5 Um metro de fita custa R$ 0,36. Qual é o preço de 8 peças de fita de 40 metros cada uma?

O preço de 8 peças de fita é _____.

6 Simone entrou no consórcio de um automóvel. O carro será pago em 50 parcelas, sendo que cada parcela corresponde ao valor do carro dividido por 50. Considerando que o carro custa R$ 30 200,00, qual foi o valor da primeira parcela?

O valor da primeira parcela foi _____.

7 Jonas comprou uma impressora para seu escritório por R$ 580,00. Resolveu vendê-la uma semana depois e teve um prejuízo de R$ 145,00. Por quanto Jonas vendeu a impressora?

Jonas vendeu a impressora por _____.

Desafio

Uma câmera fotográfica digital custava R$ 300,00. Teve dois aumentos sucessivos e acumulados de $\frac{1}{10}$ e $\frac{1}{5}$ do seu valor. Qual é o novo preço da câmera?

O novo preço da câmera é _____.

Unidade 4 — Multiplicação e divisão

Tarefa 21

1. Utilizando o símbolo R$ e algarismos, escreva os valores correspondentes.

a) Doze reais e quinze centavos ▶ _____

b) Dois mil reais e oito centavos ▶ _____

c) Trinta e seis mil e quinhentos reais ▶ _____

2. Hélder possui 3 cédulas de R$ 20,00, 2 cédulas de R$ 10,00 e 5 cédulas de R$ 5,00. Quantos reais ele possui ao todo?

Hélder possui ao todo _____.

3. Observe o quadro e determine o valor total da seguinte compra: 5 kg de repolho, 8 kg de pimentão e 2 kg de batata.

	Preço do kg
Repolho	R$ 1,45
Pimentão	R$ 2,55
Batata	R$ 1,80

O valor total da compra é _____.

4. Vânia comprou um *smartphone* à vista. Pagou com 8 cédulas de R$ 100,00, e recebeu de troco 1 cédula de R$ 50,00, 4 cédulas de R$ 10,00 e uma cédula de R$ 5,00. Quanto custou o aparelho?

O aparelho custou _____.

Unidade 4 — Multiplicação e divisão

5 Ivan comprou um *notebook*. Deu R$ 1 960,00 de entrada mais 3 parcelas iguais de R$ 350,00. Quanto custou o *notebook*?

O *notebook* custou _____

6 Considere um carro elétrico que custa R$ 44 500,00. Esse valor poderá ser pago da seguinte maneira: 1 entrada de R$12 000,00 e o restante em 5 parcelas iguais. Qual será o valor de cada uma dessas parcelas?

Os carros elétricos não possuem tanque de combustível, tampouco escapamento, e não emitem poluentes.

O valor de cada parcela será _____.

Desafio

Carla foi almoçar e pediu um prato no valor de R$ 30,00 e um suco no valor de R$ 1,80. Ao pagar a conta, ela se enganou e deu para a proprietária do restaurante uma cédula de R$ 20,00 e outra de R$ 50,00. A proprietária também se enganou e deu o troco como se tivesse recebido duas cédulas de R$ 20,00. Qual foi o prejuízo de Carla?

O prejuízo de Carla foi de _____.

Unidade 5 — Múltiplos e divisores de um número natural

Tarefa 22

1 Marque um **X** nos espaços correspondentes, identificando os divisores de cada número.

Números	Divisores					
	2	3	5	6	9	10
1 000						
135						
760						
35						
102						
7 722						
650						
3 030						

2 Em cada caso, cerque com uma linha os:

a) números divisíveis por 3.

156   108   347   1 002   5 342

b) números divisíveis por 9.

165   1 008   342   1 876   2 850

c) números divisíveis por 6.

90   1 080   305   1 600   20 070

3 Marque com um **X** os números que são divisíveis ao mesmo tempo por 2 e por 5.

100   547   760   855

quarenta e sete 47

Unidade 5 — Múltiplos e divisores de um número natural

4 Dê o que se pede.

a) O menor número de três algarismos divisível por 5 ▶ _____

b) O maior número de três algarismos divisível por 2 ▶ _____

c) O menor número de três algarismos divisível por 3 ▶ _____

5 Complete.

a) Um número é divisível por 6 quando é divisível por _____ e por _____.

b) Um número é divisível por 5 quando termina em _____ ou _____.

6 Determine os múltiplos de 23 situados entre 200 e 300.

Os múltiplos são _____.

7 Verifique se o número 8 437 é múltiplo de 29.

_____

8 Determine dois múltiplos consecutivos de 7 cuja soma seja 63.

Os múltiplos são _____.

Desafio

Acrescentei um zero à direita de um número e ele aumentou 243 unidades. Qual é esse número?

O número é _____.

48 quarenta e oito

Unidade 5 — Múltiplos e divisores de um número natural

Tarefa 23

1 Marque um **X** nos espaços correspondentes, identificando os divisores de cada número.

Números	Divisores					
	2	3	5	6	9	10
995						
1 008						
780						
129						
51 000						
1 765						
360						
666						

2 Cerque com uma linha os números divisíveis por 6.

105   120   210   108   350

3 Escreva o menor número de três algarismos divisível por 2, 3 e 5.

O número é _____.

4 Determine os algarismos que podem substituir a letra **a** no número 4**a**52 de forma que os números obtidos sejam divisíveis por 3.

Os algarismos são _____.

5 Determine três divisores do número 100.

Unidade 5 Múltiplos e divisores de um número natural

6 Registre dois divisores de 24.

_____

7 Determine os algarismos expressos pelas letras **a** e **b** no número 2**a**3**b** de modo que ele seja divisível por 2, 3, 5, 9 e 10.

a é _____ e b é _____.

8 Sabendo-se que 5 123 456 × 7 = 35 864 192, quais os números mais próximos de 35 864 192 que também são divisíveis por 7?

Os números são _____.

9 Determine os números compreendidos entre 120 e 190 que são divisíveis ao mesmo tempo por 5 e por 9.

São os números _____.

Desafio

Uma pessoa decidiu depositar moedas de 1, 5, 10, 25 e 50 centavos em um cofre durante certo tempo. Todos os dias da semana ela depositava uma única moeda, sempre nessa ordem: 1, 5, 10, 25 e 50, depois 1, 5, 10, 25 e 50, e assim sucessivamente. Se a primeira moeda foi depositada em uma segunda-feira, então essa pessoa conseguiu a quantia exata de R$ 9,10 após depositar qual moeda? E em que dia da semana isso aconteceu?

Após depositar a moeda de _____ em um(a) _____.

50 cinquenta

Unidade 5 — Múltiplos e divisores de um número natural

Tarefa 24

1 Determine o algarismo expresso pela letra **a** de modo que o número 17**a**6 seja divisível por 9. _____

2 Determine o maior número de três algarismos divisíveis ao mesmo tempo por 5 e 9. _____

3 Qual é o menor número que devemos adicionar a 137 para torná-lo divisível por 5? _____

4 Qual é o menor número que devemos subtrair de 61 897 para torná-lo múltiplo de 9? _____

5 O número 7**a**13**b** é divisível por 2, 5 e 9 ao mesmo tempo. Quais são os valores absolutos dos algarismos indicados por **a** e **b**?

Os valores absolutos de **a** e **b**, respectivamente, são _____.

Unidade 5 — Múltiplos e divisores de um número natural

6 O número 8 742 é múltiplo de 19? Justifique.

_____

7 Qual é o menor número de quatro algarismos divisível simultaneamente por 2, 3 e 5?

O número é _____.

8 Quais são os múltiplos de 9 compreendidos entre 40 e 80?

Os múltiplos são _____.

9 A soma de dois números ímpares pode ser divisível por 2? Justifique sua resposta.

_____

_____

Desafio

Fátima tem entre 10 e 50 aves. Determine quantas aves Fátima tem, sabendo que é um número que, dividido por 2, deixa resto 1; dividido por 5, deixa resto 3 e, dividido por 9, deixa resto 4.

Fátima tem _____ aves.

Unidade 5 — Múltiplos e divisores de um número natural

Tarefa 25

1 Escreva os múltiplos de 5.

_____

2 Dê os quatro menores múltiplos de 19. _____

3 Escreva os múltiplos de 11 situados entre 20 e 50. _____

4 Escreva os múltiplos de 16 situados entre 70 e 150.

_____

_____

5 Cerque com uma linha os múltiplos de 13: 10, 26, 33, 40, 65 e 81.

6 Cerque com uma linha os múltiplos de 23: 45, 46, 69, 85, 105 e 115.

7 Qual é o menor múltiplo de 23 maior que 400?

O múltiplo é _____.

8 Qual é o maior número de três algarismos divisível por 9 e 10 simultaneamente?

O maior número é _____.

cinquenta e três 53

Unidade 5 — Múltiplos e divisores de um número natural

9 Escreva os três maiores divisores de 1 000. _____

10 Quais são os restos das divisões do número 7 876 por 10, por 100 e por 1 000?

Os restos são, respectivamente, _____.

11 Complete o número ☐ 6 7 ◯ com dois algarismos de modo que se obtenha um número divisível por 2, 3, 5, 9 e 10.

São os algarismos _____ e _____.

Desafio

Considere os seguintes números do tipo ABCABC:

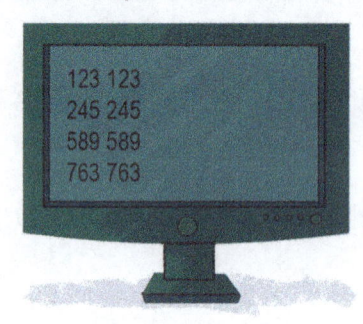

```
123 123
245 245
589 589
763 763
```

▶ Escolha um deles e divida por 7.
▶ Divida o resultado encontrado por 11. Divida novamente por 13.
▶ Qual resultado você encontrou? Você é capaz de explicar por quê?

Unidade 5 — Múltiplos e divisores de um número natural

Tarefa 26

1 O número 2 315 é múltiplo de 17?

_____

2 Qual é o maior múltiplo de 56 formado por três algarismos?

O maior múltiplo é _____.

3 Determine o maior número de quatro algarismos divisível por 9.

O maior número é _____.

4 Indique o menor número de três algarismos divisível ao mesmo tempo por 3 e por 5.

O menor número é _____.

5 Qual é o maior número de quatro algarismos diferentes divisível por 2 e por 5, sabendo-se que a soma dos valores absolutos de seus algarismos é 24?

O maior número é _____.

6 Dado o número 5a8b, determine os algarismos representados pelas letras **a** e **b** de modo que se obtenha um número divisível ao mesmo tempo por 2, 3, 5, 9 e 10.

a é _____ e b é _____.

Unidade 5 — Múltiplos e divisores de um número natural

7 Quais algarismos devem substituir as letras **a** e **b** no número 5**a**38**b** para se obter um número divisível ao mesmo tempo por 9 e por 10?

a é _____ e b é _____.

8 Determine o maior número de quatro algarismos divisível por 2, 5 e 9.

O maior número é _____.

9 Quantas unidades devemos subtrair de 2 156 para torná-lo divisível por 9?

Devemos subtrair _____ unidades.

Desafio

Qual é o maior número de quatro algarismos divisível por 13?

Solução:

O maior número de quatro algarismos é 9 999. Como resolver essa questão?

Observe a divisão:

```
9 9 9 9 | 13
    2    769
```

Logo, 9 999 = 13 × 769 + 2.
Então, o número procurado é 9 997 (9 999 − 2).

Agora, responda:
Qual é o menor número de cinco algarismos divisível por 15?

O número é _____.

Unidade 5 — Múltiplos e divisores de um número natural

Tarefa 27

1 Determine os múltiplos de 41 situados entre 200 e 360.

_____

2 Escreva todos os divisores de 40.

_____

3 Quantas unidades devemos subtrair de 159 para obtermos um múltiplo de 5?

Devemos subtrair _____ unidades.

4 Determine o algarismo representado pela letra **n** de modo que o número 8**n**7 seja divisível por 9.

n é _____.

5 Qual é o menor número que pode ser adicionado a 2 138 para que ele seja divisível por 100?

O menor número é _____.

6 Quais algarismos devem substituir as letras **a** e **b** no número 4**a**6**b** para torná-lo divisível por 2, 3, 5 e 9?

a é _____ e **b** é _____.

cinquenta e sete 57

Unidade 5 — Múltiplos e divisores de um número natural

7 Quanto devemos adicionar a 1 347 para torná-lo um múltiplo de 100?

Devemos adicionar _____ unidades.

8 Qual é o menor número que devemos subtrair de 9 265 para obter um número divisível por 9?

Devemos subtrair _____ unidades.

9 Qual algarismo devemos intercalar entre os algarismos do número 56 para torná-lo divisível por 9?

Devemos intercalar o algarismo _____.

10 Indique o maior múltiplo de 17 com dois algarismos.

O maior múltiplo de 17 com dois algarismos é _____.

Desafio

Qual é o menor número que devemos adicionar a 85 para obtermos um múltiplo de 16?

O menor número é _____.

Unidade 5 Múltiplos e divisores de um número natural

Tarefa 28

1 Decomponha em fatores primos os números abaixo.

a) 24

b) 36

c) 72

2 O menor número primo de três algarismos é _____.

3 Cerque com uma linha os números primos do quadro:

4, 7, 12, 17, 20, 23, 35, 71, 85

4 Determine a soma de todos os números ímpares e não primos entre 20 e 50. _____

5 Fatore os números.

a) 160

b) 280

c) 1 024

d) 2 000

6 Qual é o maior divisor de determinado número? _____

Unidade 5 — Múltiplos e divisores de um número natural

7 O quádruplo do maior número primo de dois algarismos é _____.

8 O menor número primo de três algarismos diferentes é _____.

9 Quais são os fatores primos de 60?

Os fatores primos de 60 são _____.

10 Qual é o número que fatorado tem como resultado $2^3 \times 3^2 \times 5$?

O número é _____.

11 Catarina efetuou o produto de três números primos e obteve como resultado o número 385. Determine o produto do maior pelo menor desses números.

O produto do maior pelo menor desses números é _____.

Desafio

Aninha resolveu enviar uma coleção de livros de Matemática para a biblioteca do colégio. Para isso, ela fez um pacote com os livros, como mostra a figura. Qual é a profundidade do pacote, sabendo que ele contém 9 livros?

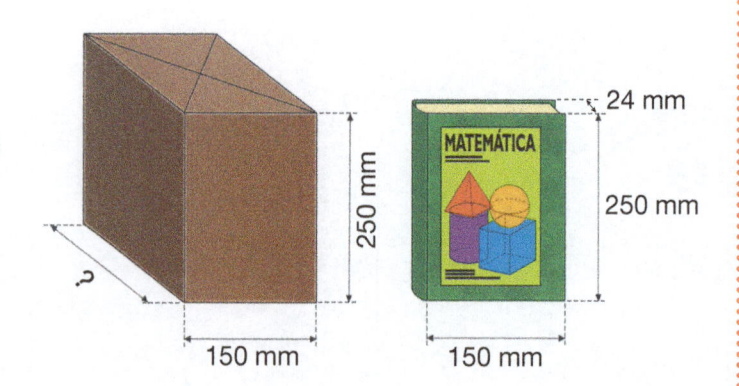

Unidade 5 — Múltiplos e divisores de um número natural

Tarefa 29

1 Fatore os números.

a) 144

b) 156

c) 320

d) 560

2 Determine todos os divisores dos números.

a) 48

b) 88

c) 105

D(48) = _____

D(88) = _____

D(105) = _____

3 Quais são os fatores primos de 96?

Os fatores primos de 96 são _____.

4 Qual é o número cuja forma fatorada é $2^4 \times 5 \times 7^2$?

O número é _____.

sessenta e um 61

Unidade 5 Múltiplos e divisores de um número natural

5 Dado o número 250, responda às questões.

a) Quais são os divisores primos desse número?

_____

b) Quais são os divisores compostos desse número?

_____

6 Escreva o maior divisor de 80. _____

7 Cerque com uma linha os números primos do quadro: 51, 77, 83, 89, 93, 97, 99.

8 Cerque com uma linha os números primos do calendário ao lado.

Agosto						
D	S	T	Q	Q	S	S
	1	2	3	4	5	6
7	8	9	10	11	12	13
14	15	16	17	18	19	20
21	22	23	24	25	26	27
28	29	30	31			

Desafio

Um número é denominado **perfeito** quando ele é igual à soma de seus divisores, excluindo dessa soma o próprio número.

O número 496 é um número perfeito. Observe:

D(496) = {1, 2, 4, 8, 16, 31, 62, 124, 248, 496}

1 + 2 + 4 + 8 + 16 + 31 + 62 + 124 + 248 = 496

Agora é com você!

Existe algum número perfeito entre 1 e 10? E entre 25 e 30?

_____

_____

Unidade 5 — Múltiplos e divisores de um número natural

Tarefa 30

1. Qual é o número cuja forma fatorada é $2^3 \times 3 \times 5^2$?

   _____.

2. Quais são os divisores primos de 168? _____

3. Quais são os divisores compostos de 108? _____

4. Fatore o número 1 001.

5. Quais são os divisores primos e os divisores compostos do número 75?

   Os divisores primos são _____

   e os compostos são _____.

6. Quais são os divisores comuns de 40 e 72? _____

Unidade 5 — Múltiplos e divisores de um número natural

7 Determine todos os divisores de 300.

D(300) = _____

8 Calcule os divisores comuns de 140 e 200.

_____

9 Qual número tem mais divisores: 120 ou 220? _____

Desafio

Qual é a soma dos expoentes dos fatores primos do número 204?

A soma dos expoentes é _____.

64 sessenta e quatro

Unidade 5 — Múltiplos e divisores de um número natural

Tarefa 31

1 Dados os números 20 e 36, determine:

a) os divisores de 20. _____

b) os divisores de 36. _____

c) os divisores comuns de 20 e 36. _____

d) o maior divisor comum de 20 e 36. _____

2 Determine os divisores de 64 e os divisores de 80. Depois, escreva o maior divisor comum (mdc) entre eles. _____

3 Qual é o máximo divisor comum de dois números primos entre si?

O número _____.

4 Qual é o menor múltiplo de 37 com quatro algarismos?

O menor múltiplo de 37 com quatro algarismos é _____.

Unidade 5 — Múltiplos e divisores de um número natural

5 Qual é o número cuja forma fatorada é $2^2 \times 3^2 \times 5$? _____

6 Quais são os divisores de 560?

D(560) = _____

7 Determine todos os divisores comuns de 144 e 132.

_____

8 Determine o mdc dos números A = $2^3 \times 5$ e B = $2^2 \times 3 \times 5$.

O mdc (A, B) é _____.

Desafio

Determine o máximo divisor comum de A e B, sabendo que A é o maior número de dois algarismos divisível por 10 e B é o menor número de três algarismos divisível simultaneamente por 2, 3, 5, 9 e 10.

O mdc (A, B) é _____.

Unidade 5 — Múltiplos e divisores de um número natural

Tarefa 32

1 Determine o mmc dos números: $A = 2^2 \times 3 \times 5^2$ e $B = 2 \times 3^2 \times 7$.

O mmc (A, B) é _____.

2 Determine todos os divisores comuns dos números 200 e 280.

_____

3 Determine o mdc dos números: $A = 2^3 \times 3^3 \times 5^2$; $B = 2^4 \times 5$ e $C = 2^2 \times 5 \times 7$.

O mdc (A, B, C) é _____.

4 Determine todos os divisores comuns de 180 e 132.

_____

Unidade 5 — Múltiplos e divisores de um número natural

5 Escreva os divisores primos do número 6 006.

_____

6 Quais são os quatro maiores divisores comuns dos números 1 800, 2 400 e 3 900?

_____

Desafio

Indique, entre 200 e 250, o múltiplo de 9 que deixa resto 1 quando dividido por 2 e resto 3 quando dividido por 5.

O número é _____.

Unidade 5 — Múltiplos e divisores de um número natural

Tarefa 33

1 Determine o mmc dos números abaixo pelo processo da decomposição em fatores primos.

a) 30 e 45

b) 10, 50 e 75

2 Determine o mmc dos números: $A = 2 \times 3 \times 5$ e $B = 2 \times 3^2 \times 7^2$.

O mmc (A, B) é _____.

3 Calcule, pelo processo da decomposição em fatores primos, o mmc de:

a) 64 e 160

b) 42, 72 e 108

Unidade 5 — Múltiplos e divisores de um número natural

4 Qual é o mmc de 15 e 8?

O mmc de 15 e 8 é _____.

5 Determine os três menores múltiplos comuns não nulos de 36 e 60.

_____

6 Qual é o mmc de dois números primos entre si?

_____

7 Determine o mmc dos números A = $2 \times 3^2 \times 5$, B = $2 \times 5 \times 7$ e C = 3×7^2.

O mmc (A, B, C) é _____.

8 Determine o menor número que dividido por 24, 40 e 60 dá sempre resto 5.

_____

Desafio

Determine os expoentes indicados pelas letras **a** e **b** dos números
A = $2^2 \times 3 \times 5^a$ e B = $2 \times 3^b \times 5$ para que o mmc (A, B) seja 300.

a é _____ e b é _____.

Unidade 5 — Múltiplos e divisores de um número natural

Tarefa 34

1 Duas peças de tecido devem ser cortadas em pedaços de tamanhos iguais e do maior tamanho possível. Sabendo que uma peça tem 90 metros e a outra, 78 metros, de que tamanho será cada pedaço?

O tamanho de cada pedaço será de _____ metros.

2 As escolas de Pedro e Bia estão participando de uma gincana em que os alunos devem formar equipes. Todas as equipes devem ter o mesmo número de componentes. Da escola de Pedro, participarão 60 alunos e da escola de Bia, 72. Qual é o número máximo de participantes por equipe? Quantas equipes haverá para cada escola?

O número máximo de participantes por equipe é _____.

Haverá _____ equipes na escola de Pedro e _____ equipes na escola de Bia.

3 Qual é o menor número que dividido por 15, 21 e 35 tem sempre como resto 7?

O número é _____.

Unidade 5 — Múltiplos e divisores de um número natural

4 Um fabricante de sacolas deverá usar dois rolos de fio de náilon para costurá-las. Esses rolos, medindo 450 e 756 centímetros, serão divididos em pedaços iguais e do maior tamanho possível. Sabendo que não deve haver sobras, responda às questões.

a) Qual deverá ser o comprimento de cada pedaço? _____

b) Quantos pedaços serão obtidos de cada rolo? _____

c) Qual será o número total de pedaços obtidos? _____

5 Calcule os dois menores números pelos quais devemos multiplicar 60 e 78 para obter produtos iguais.

Devemos multiplicar 60 por _____ e 78 por _____.

6 Determine o menor número ao qual faltam 12 unidades para ser divisível por 32, 80 e 96.

O número é _____.

Desafio

Glória contou os selos de sua coleção de 12 em 12, de 24 em 24 e de 36 em 36 e, em todas as vezes, sobraram 7 selos. Sabendo que o número de selos é maior que 400 e menor que 500, quantos selos Glória possui?

Glória possui _____ selos.

Unidade 6 — Medidas de comprimento, de tempo e de temperatura

Tarefa 35

1 Efetue as transformações abaixo.

a) 1,45 m = _____ cm

b) 143,4 m = _____ hm

c) 37,2 km = _____ dam

d) 573 cm = _____ m

2 Responda às questões.

a) Quantos metros tem 1 km? _____

b) Quantos milímetros tem 1 cm? _____

3 Em uma prova de atletismo, Bruno deu um salto em distância, atingindo a marca de 3,22 m. Quantos milímetros ele saltou?

Bruno saltou _____ mm.

4 Um fio de arame mede 21,6 m. Quantos pedaços com 2,4 cm de comprimento podem ser obtidos com esse fio?

Podem ser obtidos _____ pedaços.

5 Cada lápis de Renata é composto de um grafite de 18 cm. Quantos metros de grafite são necessários para fabricar 5 desses lápis?

É necessário _____ m de grafite.

setenta e três 73

Unidade 6 — Medidas de comprimento, de tempo e de temperatura

6 Quero cercar com muro um terreno quadrado de 40 m de frente. Quantos metros de muro devem ser construídos, sabendo-se que deverá haver uma abertura de 5,6 m para o portão?

Devem ser construídos _____ metros de muro.

7 Em uma prova ciclística de 30 km, André percorreu 6 500 m na primeira etapa, 150,8 hm na segunda etapa e o restante do percurso na terceira etapa. Quantos quilômetros André percorreu na última etapa da prova?

Na última etapa da prova, André percorreu _____ km.

8 O preço de 1 m de fio é R$ 12,00. Quanto pagarei por 30 cm desse fio?

Pagarei _____ por 30 cm de fio.

9 A altura de Francine é 1,36 m e a de Hugo é 1,48 m. Quantos milímetros de altura Hugo tem a mais que Francine?

Hugo tem _____ mm de altura a mais que Francine.

Desafio

O vencedor de uma prova automobilística fez o percurso de 480 000 m em 3 horas. Qual foi sua velocidade média em quilômetros por hora (km/h)?

A velocidade média foi _____ km/h.

Unidade 6 — Medidas de comprimento, de tempo e de temperatura

Tarefa 36

1 Calcule, em metro, o valor das expressões.

   a) 36,8 dam − 200 dm = _____

   b) 0,3 km + 2,37 hm + 20 dam = _____

2 Michel percorreu 193,4 km de carro e Felipe percorreu 2 056 dam. Quantos hectômetros Michel percorreu a mais que Felipe?

Michel percorreu _____ hm a mais que Felipe.

3 Transforme os dados.

   a) $\frac{1}{2}$ km em m ▶ _____

   b) $\frac{2}{5}$ dam em hm ▶ _____

4 Em uma prova de atletismo, Luís atingiu 50,6 m no lançamento de disco. A quantos quilômetros corresponde essa marca?

Essa marca corresponde a _____ km.

5 Ana caminhou 740 m. Depois, continuou por mais 36 500 cm. Se ela quer completar 1 200 m de caminhada, quantos metros ainda deverá caminhar?

Ainda deverá caminhar _____ m.

Unidade 6 Medidas de comprimento, de tempo e de temperatura

6 Uma avenida tem 4,5 km de extensão. Já percorri $\frac{2}{3}$ dessa distância. Quantos metros faltam para concluir o percurso?

Faltam _____ m.

7 Um terreno retangular de 48 m × 20 m vai ser cercado com 4 voltas de arame. Quantos metros de arame serão necessários?

Serão necessários _____ m de arame.

8 Uma extensão elétrica mede 6,8 m. Quantos milímetros tem essa extensão?

A extensão tem _____ mm.

9 O circuito automobilístico do Canadá tem 4 361 m de extensão e é disputado em 70 voltas. Qual é o percurso total, em quilômetros, dessa prova?

O percurso total dessa prova é _____ km.

Desafio

Observe a figura e, em seguida, calcule o perímetro em metro.

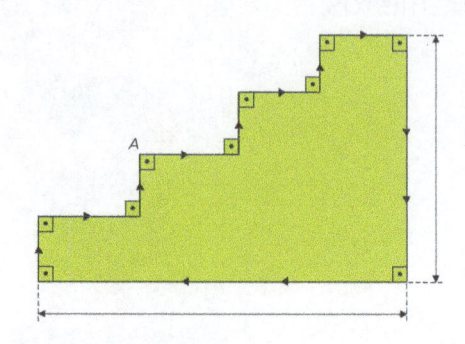

Unidade 6 — Medidas de comprimento, de tempo e de temperatura

Tarefa 37

1 Efetue as transformações.

a) 8,45 hm em m ▶ _____

b) 17,4 m em km ▶ _____

c) 45 m em mm ▶ _____

d) 75 cm em m ▶ _____

2 Um ciclista percorreu 6,5 km em uma hora. Quantos metros percorrerá em 4 horas?

Percorrerá _____ m.

3 Uma torre mede 63 m de altura. A escada que conduz ao alto da torre tem 300 degraus. Qual é a altura de cada degrau em centímetro?

Cada degrau tem _____ cm de altura.

4 Calcule o perímetro das figuras.

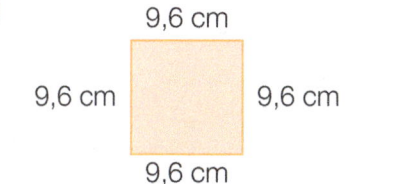

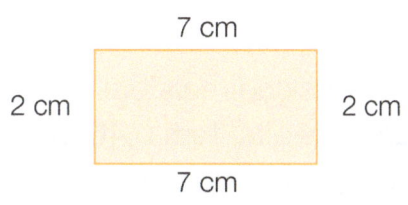

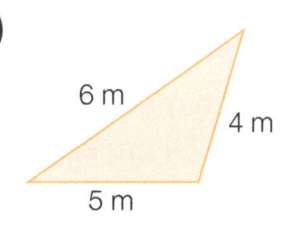

a) Quadrado de lados 9,6 cm, 9,6 cm, 9,6 cm, 9,6 cm

b) Retângulo de lados 7 cm, 2 cm, 7 cm, 2 cm

c) Triângulo de lados 6 m, 4 m, 5 m

5 Um microfone tem 0,96 dam de fio disponível, ligando-o até o aparelho receptor. Quantos metros de fio deverão ser adicionados a ele para que um jornalista possa cobrir um evento situado a 12 m de distância do aparelho receptor?

Deverão ser adicionados _____ m de fio.

Unidade 6 — Medidas de comprimento, de tempo e de temperatura

6 Calcule o perímetro de um retângulo de 20,4 m de comprimento e 23,6 m de largura.

O perímetro é _____ m.

7 Qual é a largura, em metro, de um retângulo que tem 5 cm de comprimento e 38 cm de perímetro?

A largura é _____ m.

8 Complete o quadro.

m	dm	cm	mm
1			
		200	
			3 000
0,5			
	15		

9 Um macaco sanfona, na posição mais baixa, tem altura de 24 cm e, na posição mais alta, tem 0,46 m. Qual é a diferença, em milímetro, entre as duas alturas?

A diferença entre as duas alturas é _____ mm.

Desafio

Em uma competição de arco e flecha há quatro distâncias entre o atirador e o alvo: 70 m, 60 m, 50 m e 30 m. Qual é a média dessas distâncias em metros?

A média das distâncias é de _____ m.

Unidade 6 — Medidas de comprimento, de tempo e de temperatura

Tarefa 38

1 No salto em distância, o recorde é do estadunidense Mike Powell, com 8,95 m. A nossa campeã Maurren Maggi já saltou 7,26 m. Qual é a diferença, em metro, entre esses dois saltos? E em centímetro?

A diferença entre esses dois saltos é _____ metro ou _____ centímetros.

2 Núbia tem 1,72 m de altura. Qual é a altura dela em centímetro?

1,72 m

Núbia tem _____ centímetros de altura.

3 As figuras são formadas por quadradinhos com 1 cm de lado. Calcule o perímetro de cada figura.

a) 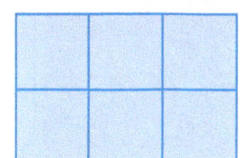 _____ cm

b) 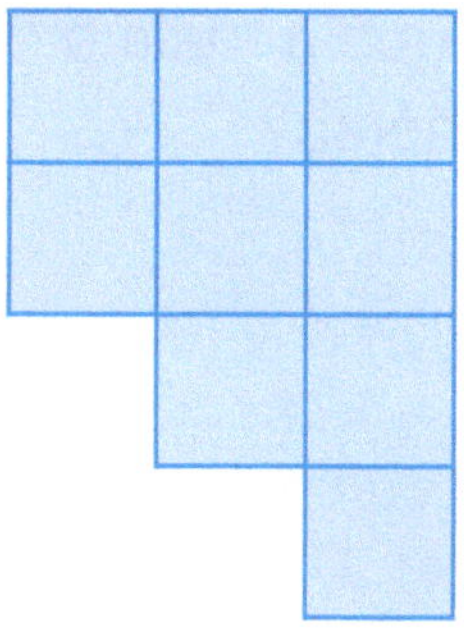 _____ cm

c) 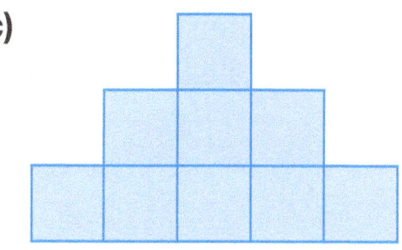 _____ cm

setenta e nove 79

Unidade 6 Medidas de comprimento, de tempo e de temperatura

4 Com o auxílio de uma régua, determine o perímetro das figuras.

a) _____ cm

b) _____ cm

c) _____ cm

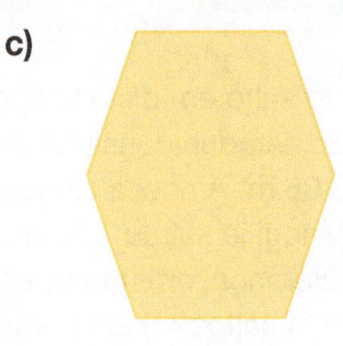

5 O primeiro piso de um prédio fica a 3,60 m do térreo.
A escada que vai do térreo ao primeiro piso tem 40 degraus.
Qual é a altura, em centímetro, de cada degrau?

Cada degrau tem _____ cm de altura.

Desafio

No folheto de uma companhia aérea encontramos a seguinte informação sobre a bagagem de mão dos passageiros.

> A soma das medidas (comprimento + largura + altura) deve ser inferior a 115 cm.

Dessa forma, qual é o maior valor possível para a medida desconhecida, em milímetro, para que a mala à direita atenda à exigência da companhia aérea?

0,5 m
19 cm
?

A maior medida possível é _____ mm.

Unidade 6 — Medidas de comprimento, de tempo e de temperatura

Tarefa 39

1 Uma torneira enche um recipiente de água em 2 minutos. Quantos recipientes iguais a esse a torneira encherá em 3 horas e meia?

Encherá _____ recipientes.

2 Complete.

a) Um milênio tem _____ anos.

b) Um século tem _____ anos.

c) Uma década tem _____ meses.

d) Três dias têm _____ horas.

3 Em uma Olimpíada de Matemática, Jean resolveu a prova em 11 280 segundos, enquanto Carolina resolveu a mesma prova em $\frac{1}{8}$ de um dia.

Qual é a diferença, em minuto, entre o maior e o menor tempo?

A diferença é de _____ minutos.

4 Entre os anos a seguir, cerque com uma linha os bissextos.

a) 852   b) 1598   c) 1856   d) 1900   e) 1962

oitenta e um

Unidade 6 — Medidas de comprimento, de tempo e de temperatura

5 Isabela e Bruno estão fazendo um bolo de cenoura; eles devem assá-lo em forno médio, preaquecido, à temperatura de 180 °C, por aproximadamente 40 minutos. O que eles devem fazer para acertar a receita?

_____

_____

6 Indique o século a que pertencem os anos.

a) 16 ▶ _____

b) 100 ▶ _____

c) 549 ▶ _____

d) 730 ▶ _____

e) 1500 ▶ _____

f) 1765 ▶ _____

g) 1800 ▶ _____

h) 1960 ▶ _____

i) 2007 ▶ _____

7 Uma operação de resgate aconteceu em 11 750 s. Qual foi a duração em horas, minutos e segundos dessa operação?

O tempo da operação foi de _____.

Desafio

Mauro recebe R$ 890,00 por quinzena, gasta R$ 760,00 por mês e guarda o dinheiro que sobra. Que quantia Mauro guarda em um trimestre?

Mauro guarda _____ em um trimestre.

82 oitenta e dois

Unidade 6 Medidas de comprimento, de tempo e de temperatura

Tarefa 40

1 Quantas horas tem um mês comercial?

Um mês comercial tem _____ horas.

2 Quantos meses tem um século?

Um século tem _____ meses.

3 Complete.

a) O ano bissexto tem _____ dias.

b) O ano comercial tem _____ dias.

c) O ano civil tem _____ dias.

d) Um decênio é um período de _____ anos.

e) Um lustro é um período de _____ anos.

4 Jonas filmou pássaros por 4 217 s. Determine o tempo da filmagem em horas, minutos e segundos.

O tempo da filmagem foi _____.

5 São 15 horas e 40 minutos. Daqui a meia hora, que horas serão?

Serão _____.

oitenta e três 83

Unidade 6 — Medidas de comprimento, de tempo e de temperatura

6 Escreva o século em que ocorreu cada fato.

a) Descobrimento do Brasil (1500) ▶ _____

b) Abolição da Escravatura (1888) ▶ _____

c) Proclamação da República (1889) ▶ _____

d) Fundação de Brasília (1960) ▶ _____

e) Tratado de Tordesilhas (1494) ▶ _____

f) Chegada do homem à Lua (1969) ▶ _____

7 De acordo com o anúncio, o tempo de duração de uma lâmpada fluorescente compacta é 8 vezes o tempo de duração de uma lâmpada incandescente. Qual é a duração média da lâmpada fluorescente, em horas, sabendo que a incandescente dura em média 4,5 meses?

A duração média da lâmpada fluorescente é de _____.

8 Em certo dia, Luís trabalhou das 9 h 20 min às 12 h 55 min. Quanto tempo Luís trabalhou?

Luís trabalhou _____.

Desafio

Paulo saiu de casa às 8 h 30 min da manhã e viajou durante 5 h 50 min. A que horas chegou ao seu destino?

Paulo chegou ao seu destino às _____.

Unidade 6 — Medidas de comprimento, de tempo e de temperatura

Tarefa 41

1 Quantos dias têm os seguintes meses?

Janeiro	Fevereiro	Março	Abril	Maio	Junho
____ dias	____ dias ou ____ dias	____ dias	____ dias	____ dias	____ dias

Julho	Agosto	Setembro	Outubro	Novembro	Dezembro
____ dias	____ dias	____ dias	____ dias	____ dias	____ dias

2 Faça a correspondência conforme o código.

A) lustro

B) século

C) decênio

D) ano civil

E) ano comercial

F) milênio

☐ 360 dias

☐ 10 anos

☐ 100 anos

☐ 1 000 anos

☐ 5 anos

☐ 365 dias

3 O século I teve início no ano 1 e foi até o ano 100. O século II foi do ano 101 ao ano 200. O século XVIII foi do ano 1701 ao ano 1800. Agora, responda.

a) Em que ano teve início o século XIX? _____

b) O século XX teve início e término em que anos? _____

c) O século XXI terminará em qual ano? _____

Unidade 6 — Medidas de comprimento, de tempo e de temperatura

4 Isaac Newton, um dos maiores gênios de todos os tempos, viveu 58 anos do século XVII e 26 anos do século XVIII. Em que ano nasceu? Em que ano ele morreu? Quantos anos viveu?

_____

5 A Idade Moderna teve início em 1453, com a queda de Constantinopla, e terminou em 1789, com a Revolução Francesa.

> A Idade Moderna foi um período marcado por grandes invenções, grandes movimentos artísticos e literários na Europa e pela chegada dos europeus às terras que eram desconhecidas por eles, como a América.

Esse importante período da história ocorreu entre

os séculos _____ e _____.

Desafio

No nosso calendário, a contagem dos anos começa com o nascimento de Jesus Cristo, considerado o ano 1. Para localizar um fato que tenha ocorrido antes do ano 1, usamos a expressão "antes de Cristo" (a.C.).

> Para indicar datas após o ano 1, não é necessário acrescentar nada a ele, embora alguns livros usem a sigla d.C. (depois de Cristo).

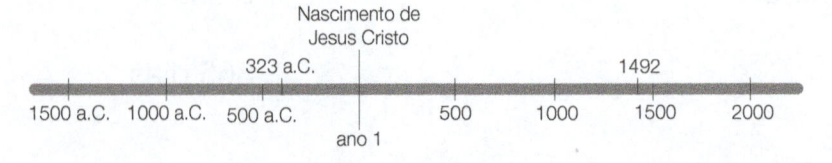

Tomando por base o ano atual, responda quantos anos já se passaram:

a) da viagem de Colombo, que ocorreu em 1492. _____

b) da morte de Alexandre Magno, o Grande, que ocorreu em 323 a.C.

_____

Unidade 7 — Mais Geometria

Tarefa 42

1. Observe as figuras do quadro ao lado e responda.

   a) Que ponto pertencente à reta *t* você vê destacado? _____

   b) Qual é o ponto situado na interseção de *r* e *s*? _____

   c) Como classificamos as retas *r* e *s*?
   _____

2. Represente uma semirreta $\overrightarrow{ON}$.

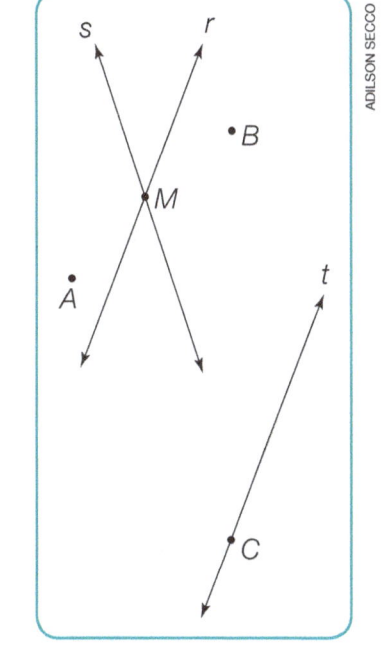

3. Represente um segmento de reta $\overline{AM}$.

4. Tomando ⊢—u—⊣ como unidade de medida, determine a medida do segmento.

   ⊢——————————————————————⊣

   O segmento mede _____.

5. No espaço ao lado, trace duas retas concorrentes, *m* e *n*, e localize o ponto *P* na interseção dessas retas.

oitenta e sete 87

Unidade 7 — Mais Geometria

6 Com o auxílio de um transferidor, determine a medida dos ângulos.

a) b) c)

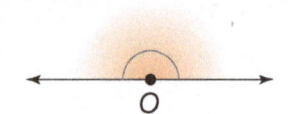

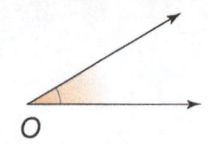

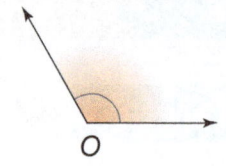

_____ _____ _____

7 Observe a figura e responda às questões.

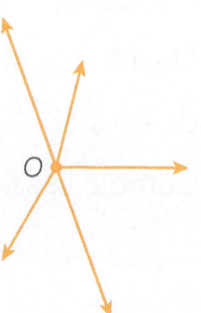

a) Quantas semirretas você observou na figura?
_____

b) Elas têm a mesma origem? Qual é?
_____

c) Utilizando uma régua, identifique se na figura há duas semirretas que formam uma reta.
_____

8 Classifique os triângulos de acordo com as medidas dos lados.

a) b) c)

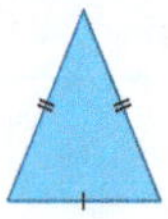

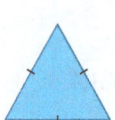

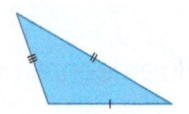

_____ _____ _____

9 Dê o nome do quadrilátero representado em cada item.

a) b) c) d)

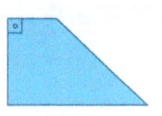

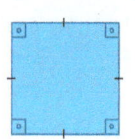

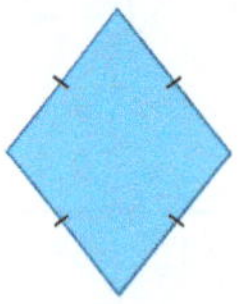

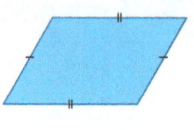

_____ _____ _____ _____

Desafio

Quais segmentos de reta podemos observar na figura abaixo?

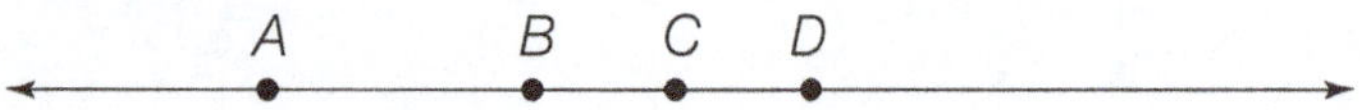

A   B   C   D

Podemos observar os segmentos: _____.

Unidade 7 — Mais Geometria

Tarefa 43

1 Quantas retas podemos traçar passando pelos pontos *A* e *B*? _____

• B
• A

2 Observe os dois esquadros. Com a ajuda de um transferidor, determine a medida dos três ângulos de cada um deles.

a)

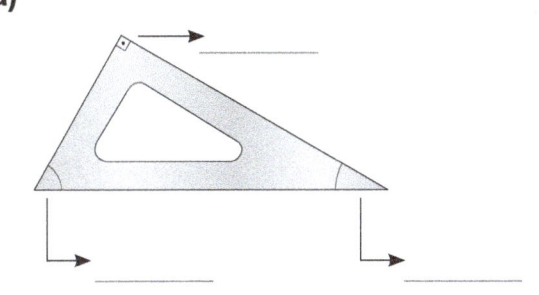

b)

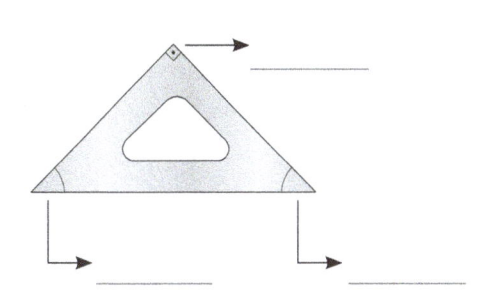

3 Desenhe no espaço um triângulo com um lado medindo 3 cm e outro lado medindo 5 cm. Como você classificaria esse triângulo? _____

4 Veja o que Flávia está dizendo.

Estas retas são concorrentes.

Ela está certa? Justifique sua resposta.

_____

Unidade 7 — Mais Geometria

5 Observe atentamente a figura e verifique que, deslocando o esquadro sobre a régua, podemos obter outras retas paralelas à reta *m*, como as retas *n* e *o*. Utilize uma régua e um esquadro e trace duas outras retas paralelas a *m*.

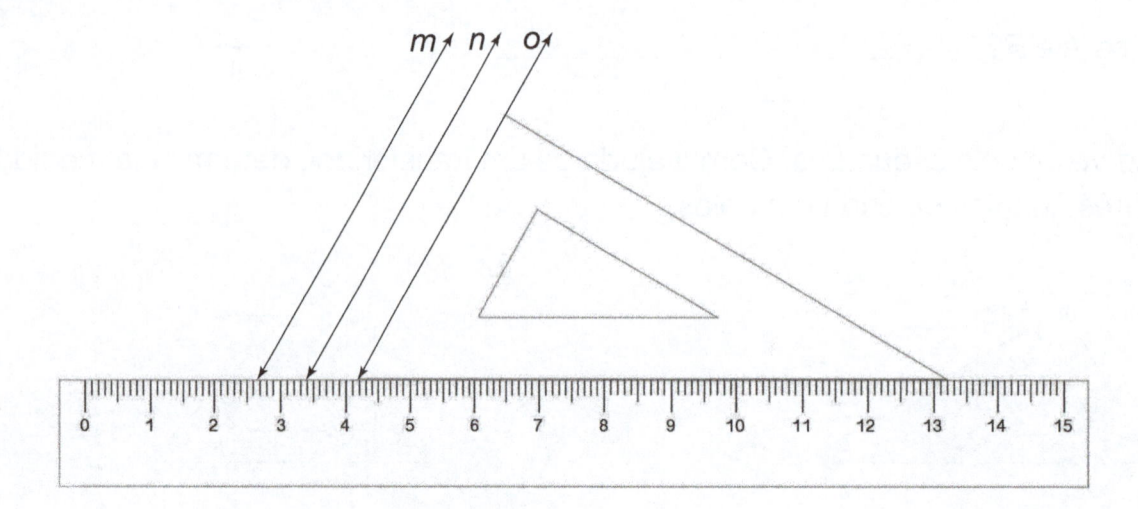

6 Pinte as regiões indicadas a seguir e descubra um número escondido na malha quadriculada.

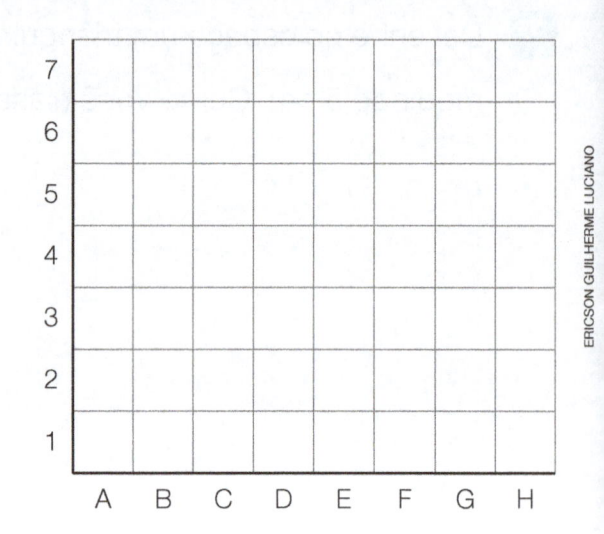

C6 – F4 – C2 – E6 – D4 – D6 – C4
F6 – D2 – E4 – F2 – E2 – F3 – C5

Desafio

O *tangram* é formado por 7 peças.
Essas peças são figuras planas conhecidas.
Qual é o nome dessas figuras?

_____

_____

Unidade 7 — Mais Geometria

Tarefa 44

1 A medida do ângulo pode ser lida no transferidor, observando-se o alinhamento com o outro lado do ângulo.

Qual é a medida de cada ângulo?

a) _____

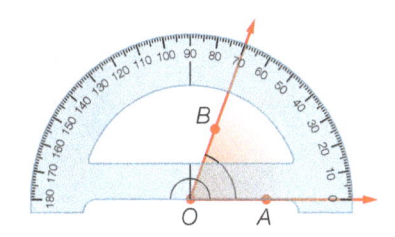

b) _____

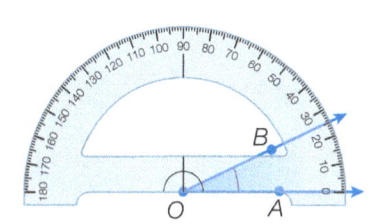

c) _____

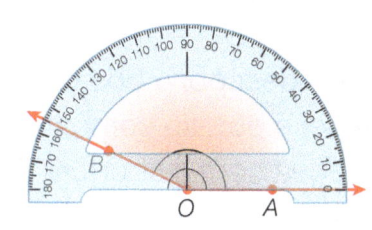

d) _____

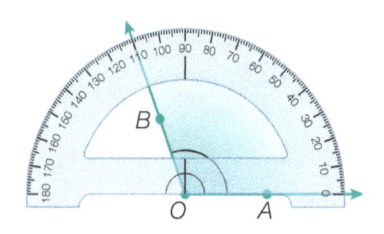

2 Observe a medida destes ângulos e responda às questões.

Ângulo reto   Ângulo agudo 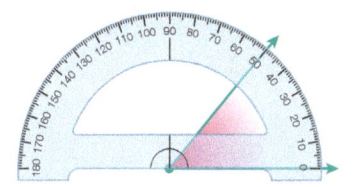   Ângulo obtuso

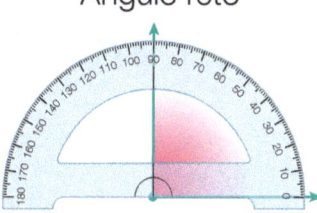

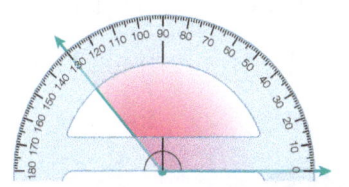

a) Qual é a medida do ângulo reto? E a medida do ângulo agudo? E a do ângulo obtuso?

_____

b) Como deve ser a medida de um ângulo agudo?

_____

_____

c) E a medida de um ângulo obtuso?

_____

_____

noventa e um **91**

Unidade 7 — Mais Geometria

3 Utilizando uma régua, determine a medida dos lados do triângulo ao lado. Depois, complete o quadro.

Medida de $\overline{AB}$	
Medida de $\overline{CA}$	
Medida de $\overline{CB}$	
Classificação	

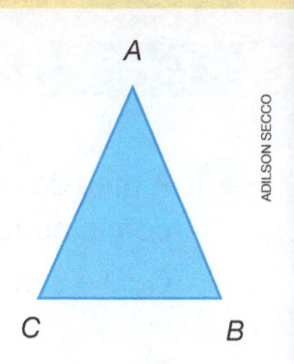

4 Agnaldo descobriu que o ângulo desenhado em sua folha de papel é obtuso comparando a abertura do canto de uma régua com a abertura do ângulo desenhado. Agora, faça como Agnaldo e descubra se cada ângulo é reto, agudo ou obtuso.

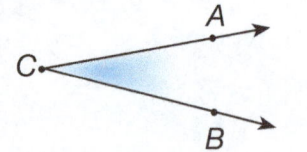

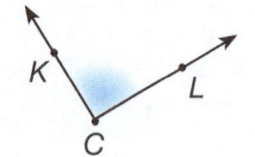

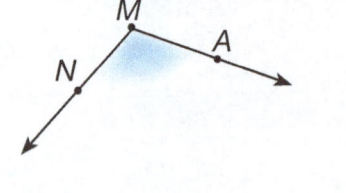

a) C, A, B

b) K, C, L

c) M, N, A

_____   _____   _____

5 Observe a figura ao lado e complete cada frase com as palavras: paralelas ou concorrentes.

a) As retas azuis são _____.

b) As retas vermelhas são _____.

c) Uma reta azul e uma reta vermelha são _____.

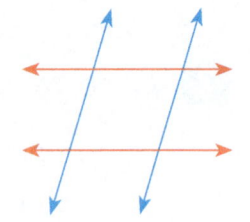

Desafio

Leia e responda à questão.

A pedido da professora, Hosana e Rafael desenharam um retângulo. Hosana disse que Rafael estava errado, e Rafael disse que Hosana estava errada. E você, o que acha? Justifique sua resposta.

Desenho de Hosana   Desenho de Rafael

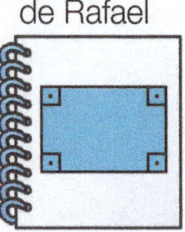

_____

_____

noventa e dois

Unidade 8 — Números na forma de fração

Tarefa 45

1 Escreva a fração que representa as partes azuis de cada figura.

a) 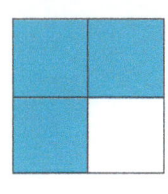   b) 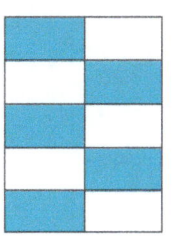   c) 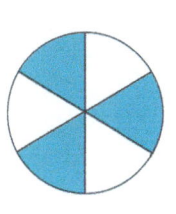   d)

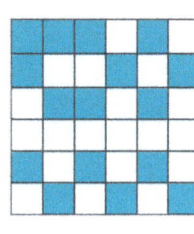

▶ Agora, responda às questões.

a) O que representa o denominador dessas frações?

_____

b) O que representa o numerador dessas frações?

_____

2 Escreva por extenso as seguintes frações.

a) $\dfrac{5}{12}$ ▶ _____

b) $\dfrac{23}{100}$ ▶ _____

c) $\dfrac{67}{3}$ ▶ _____

d) $\dfrac{1}{500}$ ▶ _____

3 Indique as frações correspondentes em cada caso.

a) três milésimos ▶ _____   c) seis trinta e cinco avos ▶ _____

b) dezenove quintos ▶ _____   d) trinta centésimos ▶ _____

noventa e três 93

Unidade 8 — Números na forma de fração

4 Represente com figuras os números mistos abaixo.

a) $3\dfrac{1}{2}$

b) $1\dfrac{2}{9}$

5 Responda às questões.

a) Qual é a maior fração própria de denominador 17? _____

b) Qual é a menor fração imprópria de denominador 8? _____

c) Qual é a fração de denominador 5 que corresponde a 3 unidades? _____

6 Determine as três frações com denominador 24 situadas entre $\dfrac{1}{3}$ e $\dfrac{1}{2}$.

_____

Desafio

Yago ganhou a competição de natação por **uma fração de segundo**. O que significa a expressão em destaque?

_____
_____
_____
_____

94 noventa e quatro

Unidade 8 — Números na forma de fração

Tarefa 46

1 Cerque com uma linha as frações maiores que o inteiro.

a) $\dfrac{3}{3}$ b) $\dfrac{3}{7}$ c) $\dfrac{2}{100}$ d) $\dfrac{16}{2}$ e) $\dfrac{1}{3}$ f) $\dfrac{131}{73}$ g) $\dfrac{120}{40}$

2 Cerque com uma linha as frações que representam um número natural.

a) $\dfrac{2}{3}$ b) $\dfrac{22}{11}$ c) $\dfrac{45}{15}$ d) $\dfrac{120}{20}$ e) $\dfrac{13}{18}$ f) $\dfrac{19}{32}$ g) $\dfrac{105}{35}$

3 Transforme os números mistos em frações.

a) $2\dfrac{1}{7} = $ _____   c) $8\dfrac{9}{17} = $ _____

b) $3\dfrac{4}{11} = $ _____   d) $9\dfrac{13}{19} = $ _____

4 Transforme as frações em números mistos.

a) $\dfrac{17}{3} = $ _____   c) $\dfrac{137}{3} = $ _____

b) $\dfrac{37}{4} = $ _____   d) $\dfrac{147}{83} = $ _____

5 Responda às questões.

a) Qual fração de denominador 7 é igual a 4 unidades? _____

b) Qual fração de numerador 14 é equivalente a 1 unidade? _____

noventa e cinco 95

Unidade 8 — Números na forma de fração

6 Extraia os inteiros da fração $\dfrac{111}{12}$.

7 Observe atentamente na figura o comprimento, a altura e a largura da miniatura de um vagão de trem.

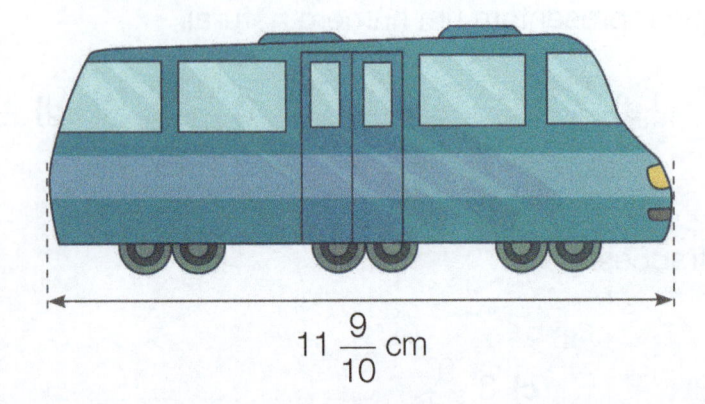

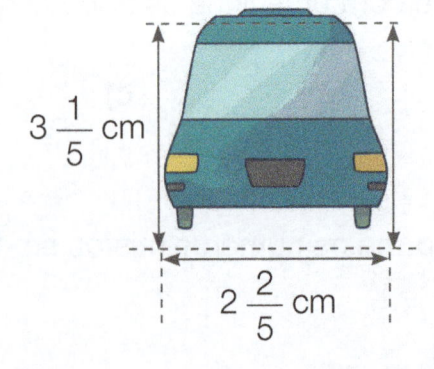

$11\dfrac{9}{10}$ cm

$3\dfrac{1}{5}$ cm

$2\dfrac{2}{5}$ cm

Agora, responda às questões.

a) Qual é a altura da miniatura, em centímetro? _____

b) Qual é o comprimento da miniatura, em centímetro? _____

c) Sabendo que a escala utilizada para a construção da miniatura é 1:87, a largura real desse vagão é maior ou menor que 2 metros?

_____

Desafio

Que fração representa a metade da quinta parte de uma barra de chocolate?

A fração _____.

Unidade 8 — Números na forma de fração

Tarefa 47

1 Complete e obtenha frações equivalentes.

a) $\dfrac{4}{5} = \dfrac{32}{\Box}$

b) $\dfrac{3}{7} = \dfrac{\Box}{28}$

c) $\dfrac{\Box}{25} = \dfrac{12}{100}$

2 Determine o valor do $\Box$ para que os pares de fração sejam equivalentes.

a) $\dfrac{\Box}{4} = \dfrac{5}{20}$

b) $\dfrac{3}{8} = \dfrac{\Box}{32}$

c) $\dfrac{\Box}{9} = 5$

3 Simplifique as frações abaixo.

a) $\dfrac{24}{72} = \underline{}$

b) $\dfrac{64}{100} = \underline{}$

c) $\dfrac{90}{270} = \underline{}$

d) $\dfrac{65}{91} = \underline{}$

4 Utilizando o mdc, torne irredutível a fração $\dfrac{240}{360}$.

5 Manuel comprou um cano de $\dfrac{1}{2}$ polegada $\left(\dfrac{1"}{2}\right)$.

Sabendo que 1 polegada corresponde a 2,54 cm, descubra: quantos centímetros tem o diâmetro desse cano?

O cano tem _____ de diâmetro.

diâmetro (d) = $\dfrac{1"}{2}$

noventa e sete 97

Unidade 8 — Números na forma de fração

6 Dê uma fração equivalente a $2\frac{1}{3}$ cujo numerador seja 35.

A fração é _____.

7 Escreva em ordem decrescente.

a) $\frac{1}{8}, \frac{1}{6}, \frac{3}{15}$: _____

b) $3, 2\frac{1}{3}, \frac{5}{2}$: _____

c) $\frac{13}{3}, \frac{22}{5}, \frac{8}{2}$: _____

8 Responda às questões.

a) 30 meses representam que fração do ano?

_____

b) 72 horas representam que fração do dia?

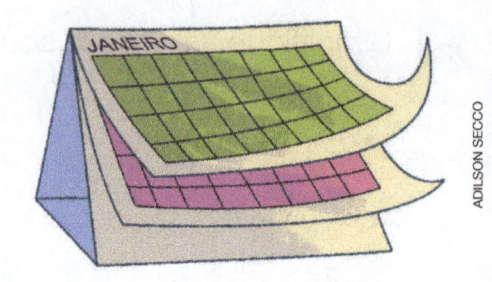

_____

9 Qual é a fração de denominador 24 situada entre $\frac{2}{3}$ e $\frac{3}{4}$?

A fração é _____.

Desafio

Determine a fração equivalente a $\frac{3}{7}$ cuja soma dos termos seja 40.

A fração equivalente é _____.

Unidade 8 — Números na forma de fração

Tarefa 48

1 Escreva por extenso as seguintes porcentagens.

   a) 78% ▶ _____

   b) 99% ▶ _____

   c) 140% ▶ _____

2 Escreva de forma simplificada as porcentagens.

   a) setenta e cinco por cento ▶ _____

   b) cento e doze por cento ▶ _____

   c) sessenta e oito por cento ▶ _____

3 Represente as porcentagens usando frações decimais.

   a) 6% ▶ _____   c) 163% ▶ _____

   b) 11% ▶ _____   d) 500% ▶ _____

4 Represente as porcentagens com números decimais.

   a) 14% ▶ _____   c) 53% ▶ _____

   b) 1% ▶ _____   d) 350% ▶ _____

5 Indique em porcentagem.

   a) $\dfrac{29}{100}$ ▶ _____   c) 0,39 ▶ _____

   b) $\dfrac{117}{100}$ ▶ _____   d) 1,43 ▶ _____

6 Em um restaurante, o valor da conta de um cliente foi R$ 346,00. O garçom recebeu desse cliente uma gorjeta de 10% sobre o valor da conta. Qual foi o valor da gorjeta?

A gorjeta foi de _____.

noventa e nove

Unidade 8 — Números na forma de fração

7 Ronaldo comprou um caiaque por R$ 1 600,00. Deu 25% de entrada e dividiu o restante em 3 parcelas iguais. Qual foi o valor de cada parcela?

O valor de cada parcela foi _____.

8 Gilberto comprou uma moto por R$ 2 950,00, mas a revendeu em seguida. Nessa negociação obteve um lucro de 12%. De quanto foi o lucro? Por quanto Gilberto revendeu a moto?

O lucro foi de _____. Gilberto revendeu a moto por _____.

9 Aline comprou uma máquina fotográfica por R$ 280,00. Vendeu-a com um prejuízo de 40%. Por quanto Aline vendeu essa máquina?

Aline vendeu a máquina por _____.

Desafio

Bruno possui uma coleção de miniaturas de aviões, das quais 104 são aviões a jato. Esse número corresponde a 26% da coleção. Quantos aviões ao todo tem a coleção de Bruno?

A coleção de Bruno tem _____ aviões.

Unidade 8 — Números na forma de fração

Tarefa 49

1 Efetue as adições e simplifique o resultado quando possível.

a) $\dfrac{2}{9} + \dfrac{1}{3} =$

b) $\dfrac{2}{7} + \dfrac{3}{14} =$

c) $1\dfrac{2}{5} + \dfrac{11}{15} =$

2 Um automóvel percorreu $\dfrac{2}{5}$ da distância entre duas cidades.

Parou em um posto de combustível e depois percorreu mais $\dfrac{1}{3}$ da distância entre as duas cidades. Qual fração representa a distância que ainda será percorrida por esse automóvel para completar o percurso entre as duas cidades?

A fração é _____.

3 Coloque em cada circunferência um dos números mistos:

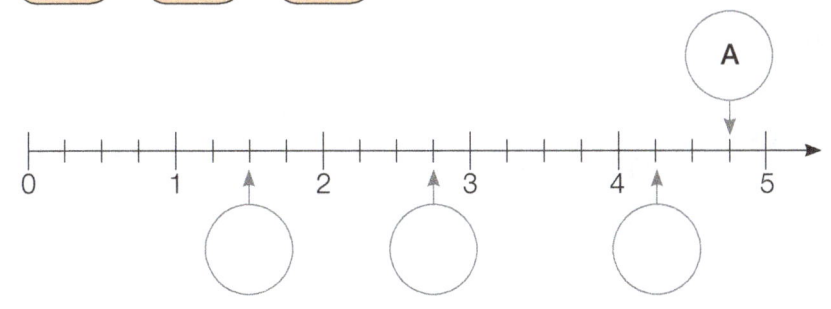

$2\dfrac{3}{4}$ $1\dfrac{1}{2}$ $4\dfrac{1}{4}$

Qual é o número misto correspondente à letra A? _____.

4 Calcule as diferenças, simplificando quando possível.

a) $\dfrac{3}{2} - \dfrac{7}{8} =$

b) $\dfrac{4}{5} - \dfrac{5}{12} =$

c) $3 - \dfrac{17}{6} =$

Unidade 8 — Números na forma de fração

5 Observe as frações e responda às questões.

$\frac{20}{20}$ $\frac{9}{3}$ $\frac{10}{5}$ $\frac{30}{10}$ $\frac{10}{10}$ $\frac{21}{7}$ $\frac{30}{15}$ $\frac{14}{7}$ $\frac{5}{5}$

a) Quais dessas frações representam o número natural 1? _____

b) Quais dessas frações representam o número natural 2? _____

c) Quais dessas frações representam o número natural 3? _____

6 Glória leu $\frac{1}{3}$ de um livro em um dia e metade no outro.

Que fração do livro falta ler?

Falta ler _____ do livro.

7 Determine os produtos e simplifique os resultados quando possível.

a) $2\frac{1}{8} \times 9 =$

b) $\frac{3}{4} \times \frac{5}{7} \times \frac{1}{3} =$

c) $3\frac{1}{2} \times \frac{11}{7} =$

d) $\frac{22}{3} \times \frac{5}{10} =$

8 Efetue utilizando o cancelamento.

a) $\frac{7}{20} \times \frac{60}{13} \times \frac{26}{28} =$

b) $\frac{24}{40} \times \frac{35}{11} \times \frac{11}{32} =$

c) $\frac{10}{81} \times \frac{27}{15} \times \frac{10}{30} =$

Desafio

A quantas horas corresponde a metade da terça parte de um dia?

Corresponde a _____ horas.

Unidade 8 — Números na forma de fração

Tarefa 50

1 Calcule.

a) $\dfrac{2}{7}$ de 28

b) $\dfrac{3}{4}$ de 60

c) $\dfrac{7}{10}$ de 100

d) $\dfrac{2}{3}$ de 36

e) $\dfrac{3}{7}$ de $2\dfrac{1}{3}$

f) $\dfrac{2}{5}$ de 40

g) $\dfrac{4}{11}$ de 55

h) $\dfrac{1}{2}$ de $\dfrac{1}{32}$

2 Observe a reta numérica.

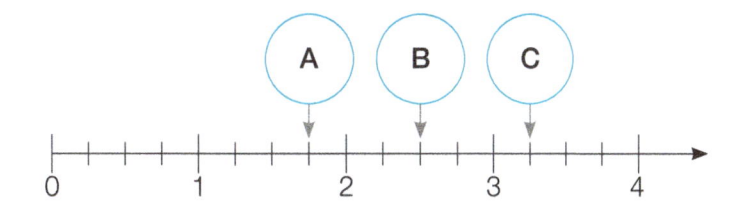

Escreva a fração imprópria e o número misto que indicam a posição de cada ponto **A**, **B** e **C**.

3 Afonso comeu a terça parte dos $\dfrac{3}{7}$ de uma *pizza*.

Que fração da *pizza* Afonso comeu?

Afonso comeu _____ da *pizza*.

4 Em uma receita são utilizadas $2\dfrac{1}{2}$ xícaras de farinha de trigo. Ao se dobrar a receita, são necessárias quantas xícaras de farinha de trigo?

Unidade 8 — Números na forma de fração

5 Maria trabalha no restaurante "Bom gosto". Ela comprou uma saca de 60 quilogramas de feijão e usou $\frac{7}{10}$ para fazer uma feijoada.

Quantos quilogramas de feijão foram usados na feijoada?

Foram usados _____.

6 Efetue as divisões e simplifique quando possível.

a) $\frac{7}{10} \div \frac{2}{3} =$

b) $2\frac{1}{5} \div \frac{1}{4} =$

c) $\frac{20}{21} \div \frac{24}{35} =$

d) $2\frac{7}{6} \div 1\frac{1}{2} =$

7 Calcule e simplifique se possível.

a) $\frac{1}{5} \div \frac{3}{7}$

b) $\frac{2}{3} \div \frac{8}{3}$

c) $20 \div 3\frac{1}{5}$

8 Observe a igualdade: $\frac{63}{12} = \frac{12}{12} + \frac{12}{12} + \frac{12}{12} + \frac{12}{12} + \frac{12}{12} + \frac{3}{12} = 5\frac{3}{12}$

Faça o mesmo com a fração $\frac{23}{7}$, transformando-a em número misto.

Desafio

Calcule os $\frac{3}{4}$ dos $\frac{8}{10}$ dos $\frac{15}{18}$ do número 400.

O número é _____.

Unidade 8 — Números na forma de fração

Tarefa 51

1 Determine o que se pede.

a) A metade de 100 litros ▶ _____

b) A terça parte de 96 litros ▶ _____

c) A quarta parte de 28 litros ▶ _____

d) Um quarto de século ▶ _____

2 Rui percorreu $\frac{1}{5}$ de quilômetro em 3 etapas iguais.

Quantos quilômetros caminhou em cada etapa?

Rui percorreu _____ de quilômetro em cada etapa.

3 Daniela tem 20 barras de chocolate para dividir igualmente entre 3 colegas. Que fração receberá cada colega de Daniela?

Cada uma receberá _____.

4 Liana tem $\frac{7}{8}$ de um bolo e pretende comê-lo em 4 dias, em quantidades iguais.

Que fração do bolo ela comerá por dia?

Liana comerá _____ do bolo por dia.

Unidade 8 — Números na forma de fração

5 Uma costureira gasta $\dfrac{4}{5}$ de 1 metro de um tecido para fazer uma camisa.

Quantas camisas ela fará com 20 metros desse tecido?

A costureira fará _____ camisas.

6 Resolva as expressões.

a) $\dfrac{3}{8} - \dfrac{1}{5} + \dfrac{3}{2} =$

b) $\dfrac{1}{6} + \dfrac{1}{4} \times \dfrac{1}{3} =$

c) $\dfrac{9}{10} - \dfrac{2}{3} \times \dfrac{4}{3} =$

d) $\dfrac{2}{3} \div \dfrac{1}{2} + \dfrac{3}{5} \times \dfrac{1}{3} - \dfrac{1}{10} =$

7 Comprei $4\dfrac{1}{2}$ metros de um tecido na cor verde e $2\dfrac{3}{5}$ metros na cor azul.

Quantos metros comprei ao todo?

Comprei _____ metros ao todo.

Desafio

Qual é o resultado desta expressão em que são usados os dez algarismos de uma só vez?

$$\dfrac{148}{296} + \dfrac{35}{70} =$$

O valor é _____.

Unidade 8 — Números na forma de fração

Tarefa 52

1 Antônio utilizou $3\frac{1}{8}$ sacos de argamassa para iniciar o assentamento de um piso. Para finalizar a obra, adquiriu mais $2\frac{1}{2}$ sacos. Qual é o total de sacos de argamassa utilizados na obra?

O total foi de _____ sacos de argamassa.

2 Um lojista comprou várias caixas de presente coloridas. Dessas caixas, $\frac{1}{8}$ eram vermelhas, $\frac{3}{5}$ eram azuis, $\frac{1}{10}$ eram verdes e as restantes eram brancas.
Que fração corresponde às caixas brancas?

A fração que corresponde às caixas brancas é _____.

3 Gastei $\frac{1}{5}$ do meu salário com aluguel, $\frac{1}{3}$ com alimentação, $\frac{1}{9}$ com roupas.
Que número fracionário representa o que sobrou do meu salário?

Sobraram _____ do meu salário.

Unidade 8 — Números na forma de fração

4 Pedro tem 56 anos e seu filho tem $\frac{3}{8}$ de sua idade.

Qual é a idade do filho de Pedro?

O filho de Pedro tem _____ anos.

5 Se $\frac{3}{8}$ de uma quantia valem R$ 36,00, quanto valem $\frac{2}{3}$ dessa quantia?

Valem _____.

6 A quarta parte de uma hora tem quantos minutos?

Tem _____ minutos.

Desafio

A torneira **A** pode encher um tanque em 3 horas. A torneira **B** pode encher o mesmo tanque em 2 horas. Se o tanque estiver vazio e as duas torneiras forem abertas ao mesmo tempo, em quanto tempo o tanque ficará cheio?

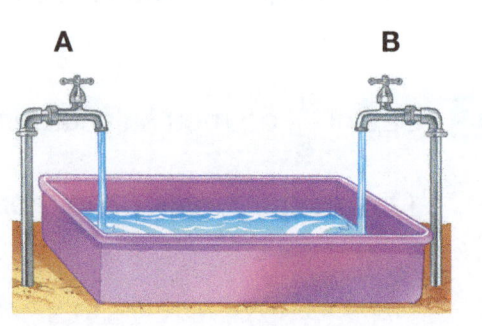

O tanque ficará cheio em _____.

Unidade 8 — Números na forma de fração

Tarefa 53

1 O tanque de gasolina de um veículo comporta 45 litros. Quantos litros são necessários para encher $\dfrac{4}{5}$ desse tanque?

São necessários _____ litros.

2 Um caminhão tem carga de 5 500 quilogramas, dos quais $\dfrac{5}{10}$ já foram entregues. Quantos quilogramas falta entregar?

Falta entregar _____ quilogramas.

3 Depois de um temporal, um agricultor recolheu de sua plantação 2 centenas e meia de laranjas. Se $\dfrac{3}{5}$ delas ainda estão verdes, quantas estão maduras?

Há _____ laranjas maduras.

4 Uma pesquisa com 1 200 pessoas mostrou que $\dfrac{70}{100}$ dos entrevistados preferem o jornal *Diário da Cidade*. Quantas pessoas preferem esse jornal?

_____ pessoas preferem o jornal *Diário da Cidade*.

Unidade 8 — Números na forma de fração

5 Responda às questões.

Leandro está rebocando o muro de uma escola. Ele consegue rebocar $\frac{3}{10}$ do muro por dia.

a) Ao final do primeiro dia, que fração do muro Leandro rebocou?

E que fração do muro ficou sem reboco? _____

b) E ao final do segundo dia, que fração do muro ficou pronta? _____

c) No terceiro dia, ele conseguirá acabar o serviço? Que fração do muro ficará rebocada ao final do terceiro dia? _____

d) Quantos dias Leandro levará para concluir seu trabalho? No último dia, que fração do muro ele rebocará? _____

6 Em um concurso público foram reprovados $\frac{7}{9}$ dos candidatos. O número de aprovações foi 36. Qual foi o total de candidatos inscritos no concurso?

O total de candidatos inscritos no concurso foi _____.

Desafio

No pomar de uma chácara, $\frac{2}{5}$ das árvores são limoeiros, $\frac{1}{3}$ são jabuticabeiras, $\frac{1}{10}$ são mangueiras e há 220 laranjeiras. Determine o número de limoeiros, jabuticabeiras e mangueiras.

Há _____ limoeiros, _____ jabuticabeiras e _____ mangueiras.

Unidade 9 — Números na forma decimal

Tarefa 54

1 Escreva por extenso os números decimais.

a) 0,84 ▶ _____

b) 3,166 ▶ _____

c) 57,6 ▶ _____

d) 39,002 ▶ _____

2 Represente com algarismos os números decimais.

a) sete décimos ▶ _____   e) trinta e dois centésimos ▶ _____

b) treze milésimos ▶ _____   f) vinte inteiros e seis centésimos ▶ _____

c) nove milésimos ▶ _____   g) cem inteiros e noventa milésimos ▶ _____

d) três centésimos ▶ _____   h) um inteiro e dezoito milésimos ▶ _____

3 Represente com frações decimais os seguintes números decimais.

a) 0,65 = _____   c) 0,015 = _____

b) 7,2 = _____   d) 10,009 = _____

4 Represente com números decimais as frações decimais.

a) $\dfrac{67}{10}$ = _____   c) $\dfrac{7}{1\,000}$ = _____

b) $\dfrac{131}{100}$ = _____   d) $\dfrac{357}{10}$ = _____

5 Dê outros dois números decimais equivalentes a 1,3.

_____ e _____.

cento e onze 111

Unidade 9 — Números na forma decimal

6 Considere o número 7,856 e responda às questões.

a) Qual é o algarismo da 1ª ordem decimal? _____

b) Qual algarismo representa a ordem dos centésimos? _____

c) O algarismo 6 representa qual ordem decimal? _____

d) Quantos inteiros tem esse número? _____

7 Quantos décimos tem o número 6?

8 Quantos centésimos tem o número 12?

9 Qual fração irredutível representa o número 0,008?

10 Escreva em ordem crescente os números.

a) 5,1   5,17   5,095

b) 0,03   0,0298   0,032

11 Escreva em ordem decrescente os números.

a) 1,72   1,735   1,71

b) 0,728   0,0713   0,731

Desafio

Pinte 0,15 da figura.

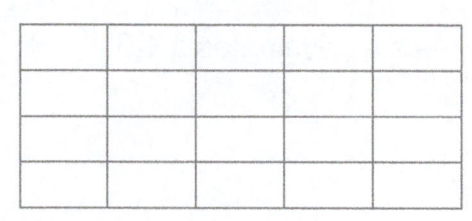

Unidade 9 — Números na forma decimal

Tarefa 55

1 Arme e efetue.

a) 17,6 + 68,4 =

b) 13,09 + 5 + 2,1 =

c) 14,5 + 1,009 =

d) 0,35 − 0,296 =

e) 17 − 15,74 =

f) 200,3 − 19,45 =

g) 0,05 × 0,13 =

h) 1,6 × 0,25 =

i) 0,44 × 200 =

2 Determine o que se pede.

a) 0,26 de 300

b) 0,08 de 1 000

c) 1,6 de 2,35

3 Em Seikan, no Japão, foi construído o túnel ferroviário mais longo do mundo, com 33,45 milhas. Quantos metros tem esse túnel?

> A palavra milha vem da expressão latina *mille passus*, que significa "mil passos". Essa medida representava a distância percorrida pelo exército romano. Uma milha equivale a 1 609 metros.

Esse túnel tem _____ metros.

cento e treze 113

Unidade 9 — Números na forma decimal

4 Lúcia digita, em média, 102 caracteres por minuto. Ao final de duas horas e meia, quantos caracteres ela digitou?

Lúcia digitou _____ caracteres.

5 Uma garrafa térmica contém 1 litro de café. Quantas xícaras de 0,05 litro podem ser enchidas com o conteúdo dessa garrafa?

Podem ser enchidas _____ xícaras.

6 O quarto de Iaci tem 5,6 metros de comprimento. Medindo-o com o seu palmo ela obteve 40 medidas iguais. Qual é o tamanho do palmo de Iaci?

O palmo de Iaci tem _____ metro.

7 Qual é a diferença entre 0,875 e 0,00875?

_____

Desafio

Dividir um número por 0,04 corresponde a multiplicá-lo por quanto?

Corresponde a multiplicá-lo por _____.

Unidade 9 — Números na forma decimal

Tarefa 56

1 Determine os produtos deslocando a vírgula.

a) 7,78 × 10 = _____

b) 4,387 × 1 000 = _____

c) 0,806 × 100 = _____

d) 87,4 × 100 = _____

e) 1,36 × 1 000 = _____

f) 50,72 × 10 = _____

2 Calcule os seguintes quocientes exatos.

a) 19 ÷ 25 = _____

b) 36 ÷ 15 = _____

c) 3 ÷ 25 = _____

d) 0,58 ÷ 0,4 = _____

e) 0,8 ÷ 0,002 = _____

f) 4,4 ÷ 88 = _____

g) 10,24 ÷ 32 = _____

h) 10,011 ÷ 0,3 = _____

3 Determine os quocientes deslocando a vírgula.

a) 39,4 ÷ 100 = _____

b) 7,6 ÷ 1 000 = _____

c) 14,3 ÷ 10 = _____

d) 57 ÷ 1 000 = _____

e) 1,35 ÷ 100 = _____

f) 316,4 ÷ 1 000 = _____

4 Na divisão de 59 ÷ 7, os números 8; 8,4; 8,42 e 8,428 são os quocientes aproximados, respectivamente, por inteiros, décimos, centésimos e milésimos. Na divisão de 16 ÷ 13, determine o quociente aproximado por:

a) inteiros ▶ _____

b) décimos ▶ _____

c) centésimos ▶ _____

d) milésimos ▶ _____

Unidade 9 — Números na forma decimal

5 A altura oficial da rede de vôlei nas competições masculinas é 2,43 metros e, nas femininas, 2,24 metros. Qual é a diferença entre as alturas das redes?

A diferença entre as alturas é _____ metro.

6 Um *shopping* tem uma área de 30 000 metros quadrados, dos quais 0,23 são destinados ao estacionamento. Que área ocupa o estacionamento?

O estacionamento ocupa _____ metros quadrados.

7 Em uma prateleira estão armazenados 36 sacos de farinha; cada um deles pesa 2,36 quilogramas. Qual é a massa total que há nessa prateleira?

Nessa prateleira há _____ quilogramas.

8 Calcule o valor da expressão numérica 5 000 ÷ (0,002 × 1,25).

O valor da expressão é _____.

Desafio

Roberto tirou as seguintes notas em Matemática no 1º bimestre: 3,6; 6,8 e 5,5. Qual foi sua média nesse bimestre?

A média de Roberto nesse bimestre foi _____.

Unidade 9 — Números na forma decimal

Tarefa 57

1 Beatriz e Allan são irmãos. Sempre que passam em frente a uma farmácia, eles utilizam a balança. Quando Allan subiu na balança, ela indicou 41,7 kg. Quando Beatriz subiu, a balança indicou 41,9 kg. Quem tem a maior massa, Beatriz ou Allan?

_____ tem a maior massa.

2 Escreva o maior dos números em cada um dos itens.

a) 4,300 ou 4,30 ▶ _____

b) 2,39 ou 2,93 ▶ _____

c) 10,078 ou 10,101 ▶ _____

3 Renata caminhou 498,12 m na segunda-feira e 489,78 m na terça-feira. Em qual desses dias ela andou mais? Explique para um colega como você descobriu.

_____

_____

4 Ana Clara mediu sua temperatura corporal pela manhã e à tarde. Qual é a diferença entre as temperaturas indicadas nas duas medições?

36,8 °C — Temperatura de Ana Clara pela manhã.

37,4 °C — Temperatura de Ana Clara à tarde.

cento e dezessete **117**

Unidade 9 — Números na forma decimal

5 Um atleta estava com 75,44 kg de massa ao iniciar uma prova de maratona. Ao término dessa prova, estava com 72,56 kg. Em quantos quilogramas ele reduziu sua massa inicial ao término dessa prova?

Ele reduziu _____.

6 Amanda comprou 1 garrafa de água mineral por R$ 2,85. Ela pagou com uma cédula de R$ 10,00. Quanto ela recebeu de troco?

Amanda recebeu _____ de troco.

7 Quanto devemos adicionar a 0,745 para obter 5 unidades?

Devemos adicionar _____.

Desafio

O lançamento de martelo é uma modalidade olímpica de atletismo. Na prova masculina, a massa do martelo é 7,26 kg, e o comprimento do equipamento é 1,175 m. Nos Jogos Olímpicos de 2016, a maior distância obtida no lançamento de martelo foi de 0,07868 km.

a) Qual foi a maior distância obtida no lançamento de martelo nas Olimpíadas de 2016, em metro?

_____

b) Qual é a massa do martelo, em grama?

_____

c) Qual é o comprimento do equipamento, em centímetro?

_____

Unidade 9 — Números na forma decimal

Tarefa 58

1 Utilize uma calculadora para efetuar os cálculos, em cada caso, e registre os resultados, escrevendo como se lê.

$3 \div 1 0 =$ 0,3; três décimos.

a) $19 \div 100 =$ _____

b) $960 \div 1000 =$ _____

c) $456 \div 10 =$ _____

d) $9 \div 1000 =$ _____

▶ Agora, encontre outras maneiras de fazer esses resultados aparecerem no visor.

_____

2 Felipe e Cristiano brincam com uma pista de corrida de carrinhos que tem 5,6 m de extensão. O carrinho vermelho deu três voltas completas nessa pista. Quantos metros ele percorreu no total?

_____

3 Ajude Luci a resolver seu problema.

a) Luci quer comprar 5 pares de meia.

Quanto ela gastará? _____

b) Ela tem R$ 10,00. O dinheiro vai dar?

_____

R$ 1,80

cento e dezenove **119**

Unidade 9 Números na forma decimal

4 Natália comprou 100 lembrancinhas ao preço de R$ 8,65 cada uma para a festa de aniversário de seu filho. Quanto ela gastou com as lembrancinhas?

Natália gastou _____ com as lembrancinhas.

5 A quantia de R$ 96,80 foi dividida igualmente entre 5 pessoas. Quanto recebeu cada uma delas?

Cada pessoa recebeu _____.

6 Arthur quer distribuir 95 litros de suco de abacaxi em garrafas de 2 litros. De quantas garrafas, no mínimo, ele precisará?

Arthur precisará de _____ garrafas.

7 Helena deu 4 voltas completas em uma pista de atletismo, percorrendo um total de 1,824 km. A quantos metros corresponde o percurso em uma volta completa nessa pista?

Corresponde a _____.

Desafio

Considerando que 1 metro de fita custa R$ 0,36, responda às questões.

a) Qual é o preço de 40 metros dessa fita?

_____

b) E qual é o preço de 50 cm dessa fita?

_____

Unidade 9 — Números na forma decimal

Tarefa 59

1 Moisés quer dividir 55 quilogramas de feijão em 8 sacos, em quantidades iguais. Quantos quilogramas deverão ser colocados em cada saco?

_____

2 Com o auxílio de uma calculadora e usando números na forma decimal, calcule.

a) 20% de 150 ▶ _____

b) 9% de 300 ▶ _____

c) 56% de 10 ▶ _____

d) 42% de 100 ▶ _____

3 Observe o diálogo entre Carla e Daniel. Depois, responda às questões.

a) Quantos reais Daniel pode dar de desconto para Carla?

_____

b) Qual será o preço do caderno após o desconto?

_____

Quanto custa este caderno?

Custa R$20,00, mas posso dar um desconto de 25%.

4 Escreva na forma decimal o número que corresponde à parte pintada em cada figura.

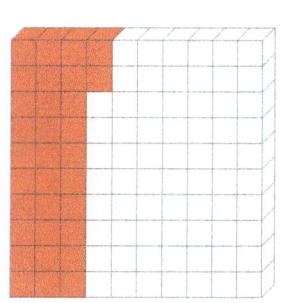

a) _____   b) _____   c) _____   d) _____

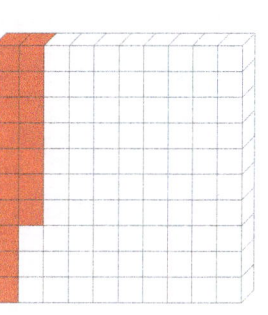

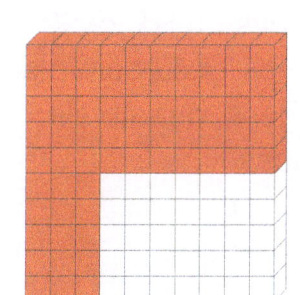

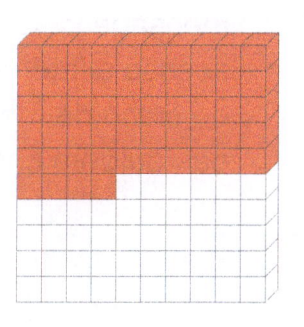

cento e vinte e um 121

Unidade 9 — Números na forma decimal

5 Dos números 70,010 e 70,001, qual é o maior deles?

_____

6 Copie apenas os números em que a posição do zero não altera o valor.

17,0   9,08   1,06   50,84   3,70   9,90

_____

7 Calcule o valor total gasto na compra destes dois brinquedos.

R$ 178,00   R$ 257,00

_____

Desafio

Em maio, o valor total da conta de telefone celular de Esmeralda foi R$ 119,76, sem os impostos. Esse valor corresponde aos serviços: chamadas, acesso à internet e envio de mensagens. Se ela gastou R$ 29,90 com acesso à internet e R$ 15,50 com o serviço de envio de mensagens, quanto ela gastou com chamadas?

Unidade 9 — Números na forma decimal

Tarefa 60

1 Resolva mentalmente os problemas e registre as respostas.

a) A Região Sudeste do Brasil é formada por 4 estados; 75% deles são banhados pelo oceano Atlântico. Quantos são os estados banhados pelo oceano Atlântico?

_____

b) A Região Nordeste do Brasil é formada por 9 estados; 100% deles são banhados pelo oceano Atlântico. Quantos são os estados banhados pelo oceano Atlântico?

_____

2 Um rolo de arame com 356 m foi dividido em 10 partes iguais. Qual é a medida de cada uma dessas partes?

A medida de cada parte é _____.

3 Um prêmio de R$ 356 840,00 foi dividido igualmente entre 100 apostadores. Quanto recebeu cada um deles?

Cada um recebeu _____.

cento e vinte e três

Unidade 9 — Números na forma decimal

4 Responda às questões.

a) Quanto é o dobro de 1,6? _____

b) Quanto é o triplo de 0,53? _____

c) Quanto é o quádruplo de 10,8? _____

d) Quanto é o quíntuplo de 24,6? _____

5 Resolva os problemas.

a) Flávio comprou um aparelho celular e pagou em 7 parcelas. As três primeiras foram de R$ 70,50 e as quatro últimas de R$ 96,55. Quanto custou esse aparelho celular?

O celular custou _____.

b) Beatriz tirou as seguintes notas em Matemática no 2º bimestre: 7,4 e 9,6. Qual foi sua média nesse bimestre?

A média de Beatriz no bimestre foi _____.

Desafio

Luana anotou em uma folha os preços de alguns produtos que ela comprou. Observe.

a) Calcule quanto ela gastou.

_____

b) Tendo pago com uma cédula de 100 reais, quanto ela recebeu de troco?

_____

3 cadernos por R$ 14,40 cada um

2 borrachas por R$ 0,80 cada uma

6 canetas por R$ 0,60 cada uma

Unidade 10 — Medidas de superfície e de volume

Tarefa 61

1 Transforme as medidas.

a) 1,6 cm² em mm²

b) $3\frac{1}{5}$ hm² em m²

c) 150,8 m² em dam²

2 Calcule a área das figuras.

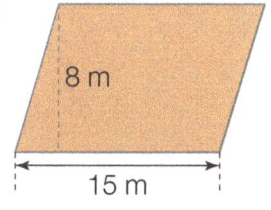

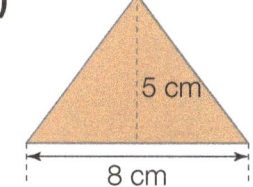

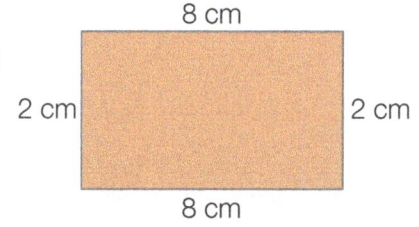

a) paralelogramo com 8 m (altura) e 15 m (base)

b) triângulo com 5 cm (altura) e 8 cm (base)

c) retângulo com 8 cm e 2 cm

3 Você já aprendeu que um quadrado de 1 cm de lado tem área de 1 centímetro quadrado. Veja agora:

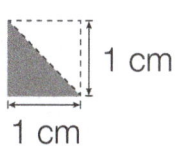

(quadrado de 1 cm × 1 cm dividido ao meio por uma diagonal, formando um triângulo)

Esse triângulo tem a metade da área do quadrado de 1 cm de lado. Logo, podemos dizer que sua área é de 0,5 cm², ou seja, meio centímetro quadrado.

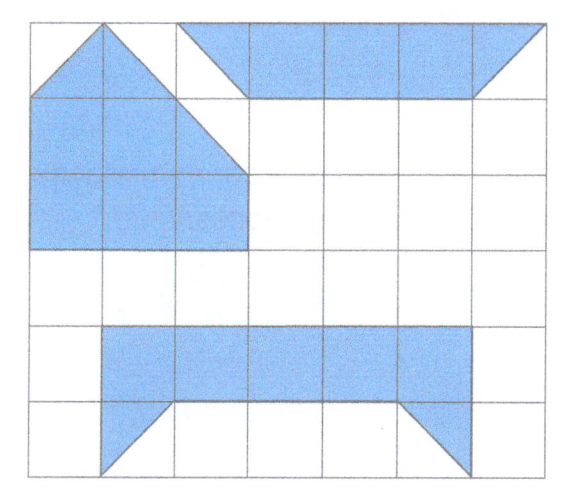

Determine, em centímetro quadrado, a área de cada figura.

Figura	Área (em cm²)
(trapézio)	_____ cm²
(pentágono/casinha)	_____ cm²
(figura)	_____ cm²

cento e vinte e cinco **125**

Unidade 10 — Medidas de superfície e de volume

4 O revestimento do piso de uma sala retangular de 6 m por 4 m deverá ser feito com placas retangulares de 20 cm por 8 cm. Quantas placas serão necessárias?

Serão necessárias _____ placas.

5 Qual é a área de um terreno quadrado cujo perímetro é 88 m?

A área do terreno é _____ m².

6 O tabuleiro ao lado é formado por 36 quadradinhos de 1 cm de lado. Qual é a área, em centímetro quadrado, e o perímetro, em centímetro, correspondente à parte sombreada?

A área é _____ cm² e o

perímetro _____ cm.

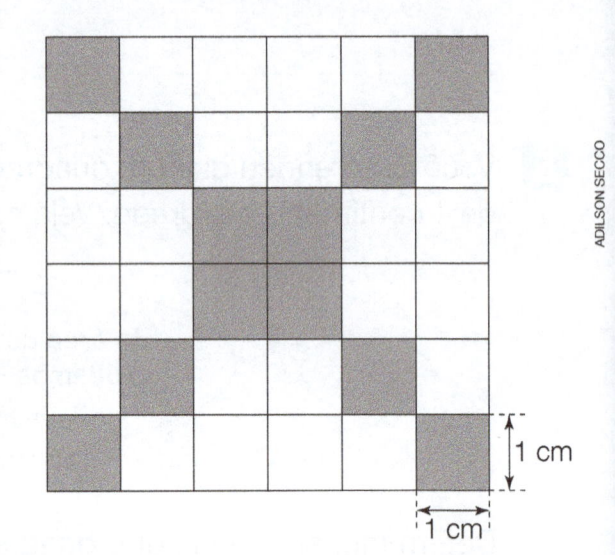

Desafio

Roberta quer revestir o piso de sua cozinha, que tem 12,5 m² de área, com placas quadradas de cerâmica de 25 cm de lado. Quantas placas serão necessárias?

Serão necessárias _____ placas.

Unidade 10 Medidas de superfície e de volume

Tarefa 62

1 Efetue as transformações.

a) 3,67 m² em dm² ▶ _____

b) 8,06 dm² em mm² ▶ _____

c) 56 m² em dam² ▶ _____

d) 1,8 mm² em cm² ▶ _____

2 Expresse em metro quadrado o resultado de cada adição.

a) 2 m² + 3 dm² + 40 cm² =

b) 4,2 dm² + 500 cm² =

_____   _____

3 Um terreno retangular tem 33 m de comprimento por 22 m de largura. Nele foi construída uma casa de 240 m². Quanto restou de área livre?

Restou uma área livre de _____.

4 Wimbledon, na Inglaterra, o templo do tênis, utiliza, no decorrer da competição mais famosa do mundo, suas 18 quadras gramadas. Quantos metros quadrados de grama cobrem essas quadras, sabendo que cada uma delas mede 36 m de comprimento por 15 m de largura?

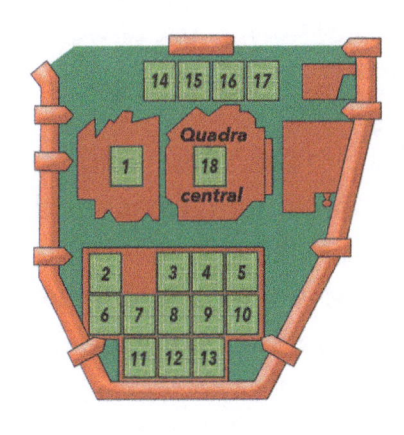

As quadras são cobertas por _____ m² de grama.

cento e vinte e sete **127**

Unidade 10 Medidas de superfície e de volume

5 Observe a planta baixa de um apartamento e responda às questões.

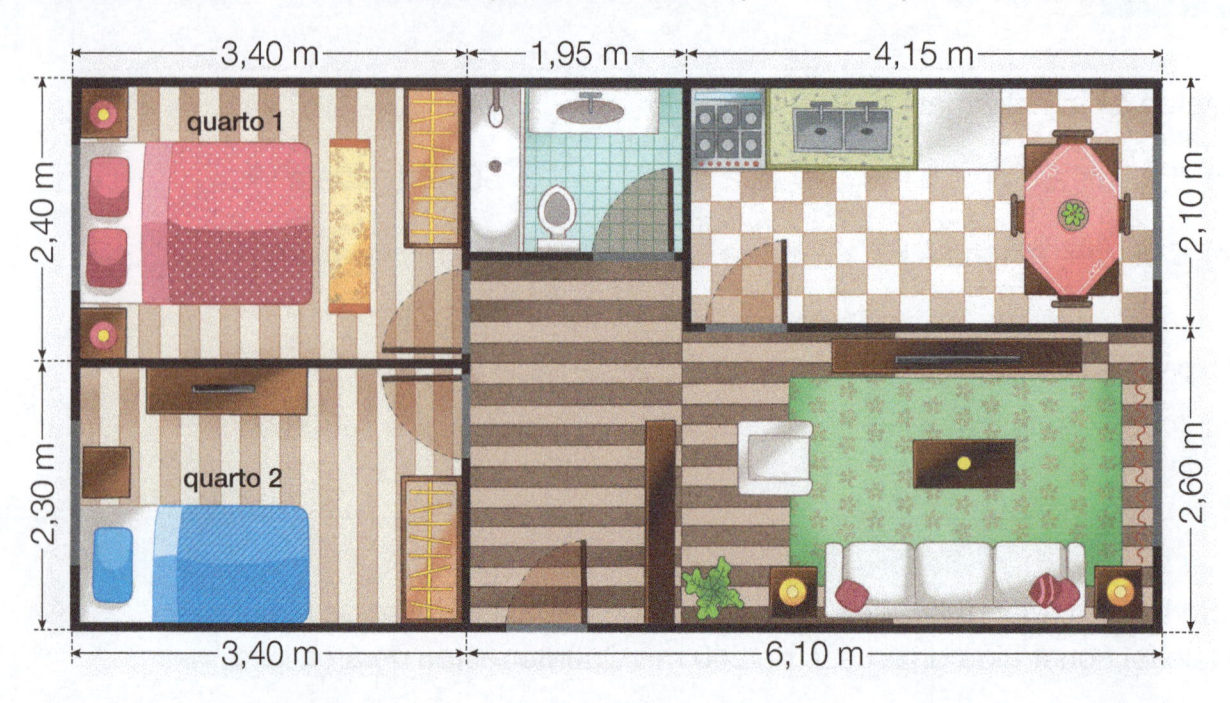

a) Qual é a área total do apartamento? _____

b) Qual é a área da cozinha? _____

c) Qual é a área do quarto 1? _____

d) Qual é a área da sala? _____

e) Quantas placas de cerâmica medindo 893 cm² serão necessárias para revestir todo o piso do apartamento? _____

Desafio

Um prédio foi erguido em um terreno de 100 m de comprimento por 70 m de largura. Desconsiderando a área do *playground*, que corresponde a 1 000 m², o restante do andar térreo do prédio e da área externa será revestido com lajotas quadradas de 20 cm de lado. Quantas lajotas serão necessárias?

Serão necessárias _____ lajotas.

Unidade 10 — Medidas de superfície e de volume

Tarefa 63

1 Efetue as transformações.

a) 3,86 dam² em m² ▶ _____

b) 5,3 m² em cm² ▶ _____

c) 1,084 dm² em cm² ▶ _____

d) 8 044 dam² em km² ▶ _____

e) 0,4 m² em dam² ▶ _____

f) 350,2 mm² em cm² ▶ _____

2 Determine a área das figuras, tomando por unidade um quadrado com 1 cm de lado.

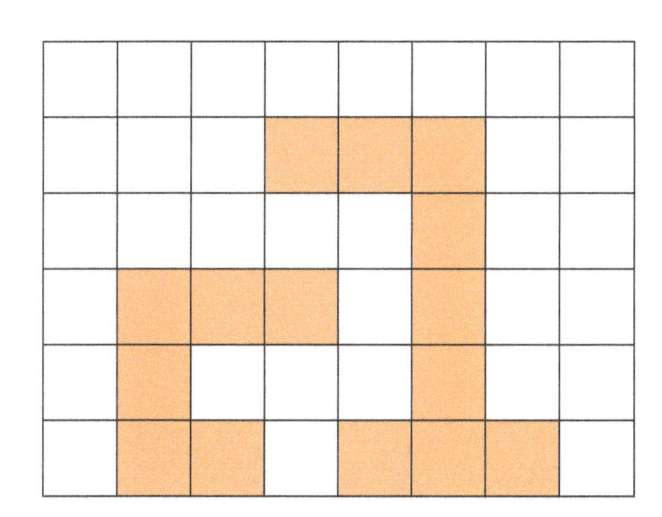

Dizemos que a área desse quadrado é igual a 1 centímetro quadrado.

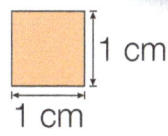

1 cm
1 cm

Figura	Área (em cm²)
⌐	_____ cm²
⌐	_____ cm²

3 Observe atentamente a planta da casa e responda.

a) Qual é a área do quarto 1?

_____

b) Qual é a área total da casa?

_____

3,8 m 2,4 m 4,4 m
4 m
quarto 1
5,2 m
10,6 m

Unidade 10 — Medidas de superfície e de volume

4 Calcule o volume de cada paralelepípedo representado abaixo.

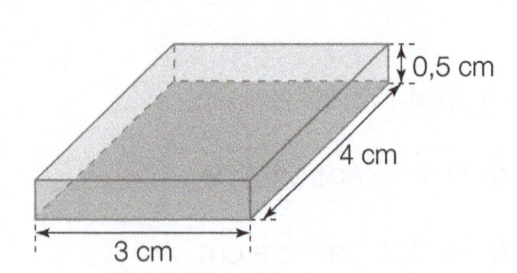

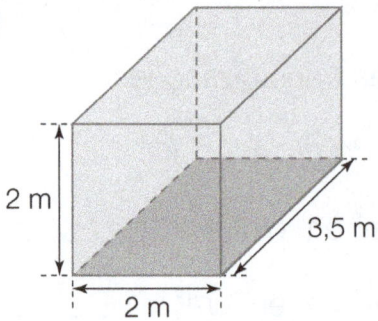

a) 0,5 cm; 4 cm; 3 cm

b) 2 m; 3,5 m; 2 m

_____

5 O conjunto a seguir é formado por uma mesa e três bancos. A mesa mede 3,6 m de comprimento por 1 m de largura, e cada banco, de forma quadrada, tem 30 cm de lado. Quantos metros quadrados de fórmica serão necessários para revestir a parte superior da mesa e dos bancos?

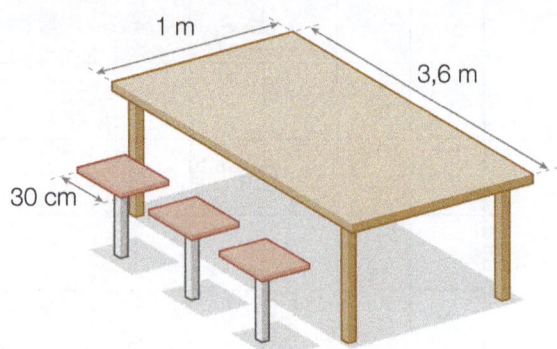

Serão necessários _____ m² de fórmica.

Desafio

O revestimento do teto de uma sala retangular de 8 m por 6 m deverá ser feito com placas de gesso quadradas de 625 cm² cada uma. Quantas placas de gesso serão necessárias? Qual é a medida do lado de cada placa de gesso?

Serão necessárias _____ placas de gesso quadradas

com _____ de lado cada uma.

Unidade 10 — Medidas de superfície e de volume

Tarefa 64

1 Mostre que 1 m² = 10 000 cm².

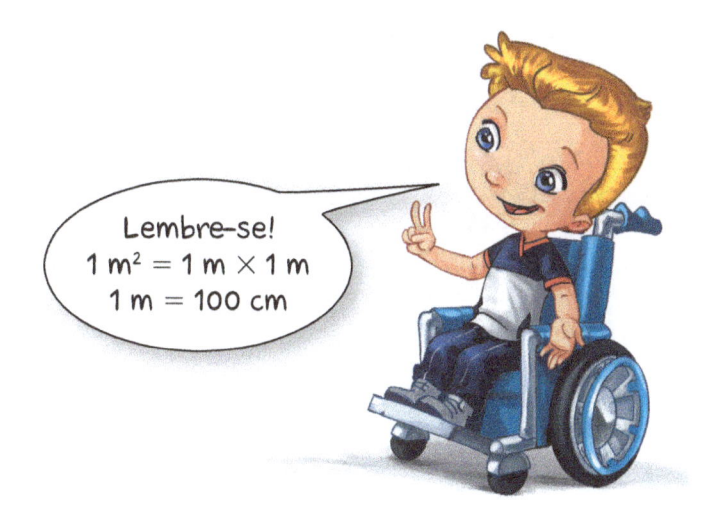

Lembre-se!
$1\,m^2 = 1\,m \times 1\,m$
$1\,m = 100\,cm$

2 Complete.

a) 3 m² = _____ cm²

b) $\frac{1}{4}$ m² = _____ cm²

c) 1,5 m² = _____ cm²

d) 20 000 cm² = _____ m²

3 Agora, mostre que 1 m³ = 1 000 000 cm³.

Lembre-se!
$1\,m^3 = 1\,m \times 1\,m \times 1\,m$
$1\,m = 100\,cm$

4 Calcule os volumes dos paralelepípedos representados abaixo.

a) 1 cm, 5 cm, 2 cm

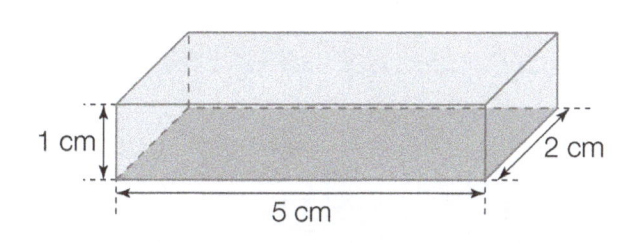

_____ cm³

b) 2 cm, 4 cm, 1 cm

_____ cm³

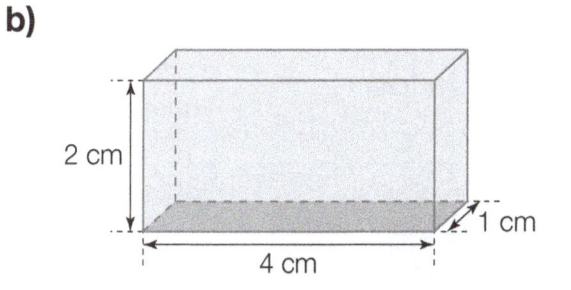

cento e trinta e um **131**

Unidade 10 — Medidas de superfície e de volume

5 Calcule em metro cúbico o volume de cada figura.

a) 4 m, 4 m, 4 m

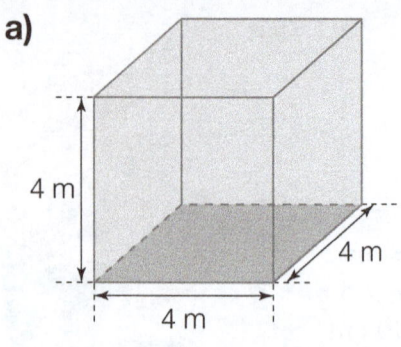

_____ m³

b) 5 m, 3 m, 2 m

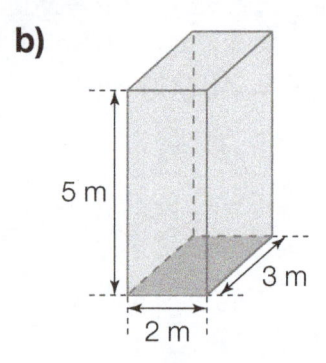

_____ m³

6 Calcule a área da figura ao lado.

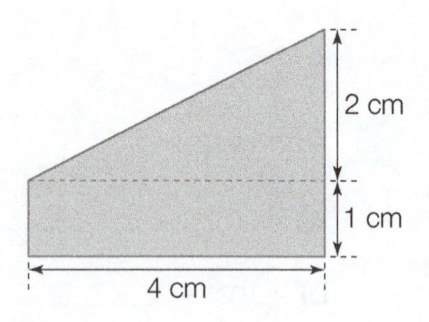

2 cm, 1 cm, 4 cm

A = _____

7 Dois blocos de alumínio, em forma de cubo, com arestas medindo 2 cm e 3 cm, são fundidos. Em seguida, o alumínio líquido é moldado como um paralelepípedo retângulo de arestas de 5 cm, 1 cm e ☐ cm. Considerando as condições ideais, em que não há perda de volume durante a fundição, determine o valor de ☐.

O valor de ☐ é igual a _____ cm.

Desafio

Tomando o cubo de 1 cm³ como unidade de medida, dê o volume dos sólidos representados.

a) _____ cm³

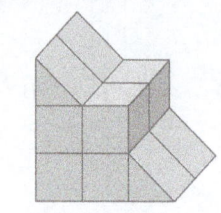

b) _____ cm³

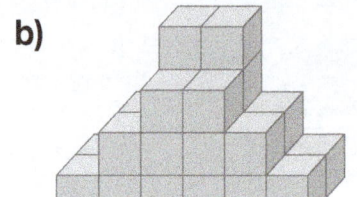

Unidade 11 — Medidas de massa e de capacidade

Tarefa 65

1 Efetue as transformações.

a) 3,8 t em hg _____

b) 7,56 g em kg _____

c) 6 hg em g _____

d) 680 kg em t _____

2 Responda às questões.

a) Quantos mg correspondem a 6,4 g? _____

b) Quantos kg existem em $\frac{3}{4}$ t? _____

3 Cláudio comprou 750 g de uma mercadoria que custa R$ 18,00 o quilograma. Quanto deve pagar?

Cláudio deve pagar _____.

4 Carlos pesava 130 kg. Fez uma dieta e perdeu 10% de sua massa. Quantos quilogramas Carlos tem atualmente?

Atualmente, Carlos tem _____ kg.

Unidade 11 — Medidas de massa e de capacidade

5 Um carrinho pode transportar, no máximo, 80 kg. Em quantas viagens, no mínimo, poderá ser transportada 1,2 t de areia utilizando esse carrinho?

A areia poderá ser transportada, no mínimo, em _____ viagens.

6 Moacir vende 40 kg de verdura por dia. Quantos decagramas ele venderá em uma semana?

Moacir venderá _____ dag em uma semana.

7 Estes objetos são utilizados em academias de ginástica.

Peso de ginástica de 12 kg.   Peso de ginástica de 24 kg.

▶ Qual é a diferença, em grama, entre os dois objetos? _____

8 O visor de uma balança marcou 0,280 kg quando foi colocado um prato sobre ela.

Escreva a massa desse prato em gramas. _____

Desafio

Um recipiente contém água pura. A massa dessa água é 24 000 kg. Qual é, em metro cúbico, o volume interno do recipiente?

O volume interno do recipiente é _____ m³.

Unidade 11 — Medidas de massa e de capacidade

Tarefa 66

1 Transforme em quilograma.

a) 0,5 t = _____ kg

b) $\frac{1}{2}$ t = _____ kg

c) 0,75 t = _____ kg

d) $\frac{3}{4}$ t = _____ kg

2 Para medir grandes massas, como cargas de caminhão, de navio, de avião etc., utilizamos uma unidade especial, a tonelada (t). Uma tonelada corresponde a mil quilogramas.

1 t = 1 000 kg

Escreva uma forma de ler as medidas.

a) 3,2 t ▶ _____

b) 15,67 t ▶ _____

c) 8,5 t ▶ _____

3 Complete as igualdades.

a) 4 t = _____ kg

b) 9 000 kg = _____ t

c) 8,64 t = _____ kg

d) 12 650 kg = _____ t

cento e trinta e cinco

Unidade 11 — Medidas de massa e de capacidade

4 Vou dividir igualmente 4,2 kg de chocolate entre 35 crianças. Quantos gramas receberá cada criança?

Cada criança receberá _____ g.

5 Um litro de água do mar contém 36 g de sal. Que quantidade de sal contém uma garrafa com $\frac{3}{8}$ litros de água do mar?

Contém _____ de sal.

6 Quantos pacotes de 1,8 kg podem ser enchidos com uma carga de 9 t de feijão?

Podem ser enchidos _____ pacotes.

7 O "peso" bruto de quatro latinhas de extrato de tomate é 3 kg. Sabendo que cada latinha tem massa de 40 g, determine o "peso" líquido do extrato de tomate.

O "peso" líquido do extrato de tomate é _____ kg.

Desafio

Uma lata de biscoitos cheia pesa 1,83 kg e vazia pesa 0,78 kg. Se cada biscoito pesa 35 g, há quantos biscoitos dentro da lata?

Há _____ biscoitos dentro da lata.

Unidade 11 — Medidas de massa e de capacidade

Tarefa 67

1 Transforme.

a) 2 t em kg

b) 84 000 kg em t

c) 0,06 t em kg

_____   _____   _____

2 Sabendo que 200 g de uma substância custam R$ 12,00, qual é o preço de $1\frac{1}{2}$ kg dessa substância?

O preço de $1\frac{1}{2}$ kg dessa substância é _____.

3 Observe que a balança de dois pratos está equilibrada e responda às questões.

500 g
1 kg

JOSÉ LUIS JUHAS

a) Qual é a massa, em grama, de cada lata roxa? _____

b) Se colocarmos mais uma lata no prato do lado esquerdo, quantos gramas devemos colocar no prato do lado direito para a balança permanecer em equilíbrio? _____

4 Um caminhão transporta 3,45 t de cimento por viagem. Quantos quilogramas transportará em 4 viagens?

Transportará _____ kg.

cento e trinta e sete **137**

Unidade 11 — Medidas de massa e de capacidade

5 Um comprimido contém 5 mg de uma vitamina. Lucas toma 3 comprimidos por dia. Em uma semana, quantos miligramas dessa vitamina Lucas vai ingerir?

Em uma semana, Lucas vai ingerir _____ mg dessa vitamina.

6 Qual é o valor de uma pedra preciosa de 30 quilates, se cada grama vale R$ 250,00?

> O quilate é uma unidade especial utilizada para medir a massa de metais e de pedras preciosas. Um quilate corresponde a duzentos miligramas.

O valor de uma pedra preciosa de 30 quilates é _____.

Desafio

Considerando que um litro de petróleo tem massa de 0,8 kg, e um tanque cúbico de 90 cm de aresta está preenchido com $\frac{8}{9}$ de sua capacidade de petróleo, qual a massa desse petróleo?

A massa do petróleo é _____.

Unidade 11 — Medidas de massa e de capacidade

Tarefa 68

1 Efetue as transformações.

a) 5 daL = _____ L

b) 8,4 daL = _____ L

c) 7 hL = _____ L

d) 6,42 hL = _____ L

2 Lembrando que 1 L corresponde a 1 000 mL, complete abaixo.

a) 5 L = _____ mL

b) 6,5 L = _____ mL

c) 2 000 mL = _____ L

d) 0,4 L = _____ mL

e) 3 400 mL = _____ L

f) 60 mL = _____ L

3 Transforme em litros. Lembre-se: 1 dm³ = 1 L.

a) 3 m³ = _____

b) 75 dm³ = _____

c) 860 cm³ = _____

d) 2,3 m³ = _____

4 Uma seringa tem capacidade máxima de 30 mL. Maria tomou uma quantidade de vacina correspondente a 60% dessa capacidade. Quantos mililitros de vacina Maria tomou?

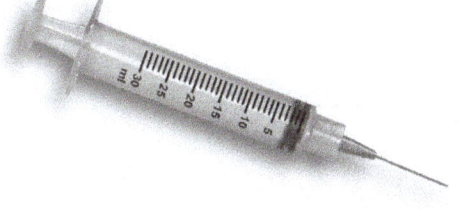

Maria tomou _____ mL de vacina.

5 Um garrafão de 5 L foi utilizado para encher vários copos de 12,5 mL. Quantos copos cheios foram obtidos?

Foram obtidos _____ copos cheios.

Unidade 11 Medidas de massa e de capacidade

6 Um caminhão tem capacidade para transportar 18 kL de combustível.
Em cada posto de gasolina ele descarrega 3 000 litros.
Quantos postos esse caminhão poderá abastecer?

Poderá abastecer _____ postos de gasolina.

7 Com 26 L de suco enchi 104 copos iguais. Quantos mililitros tem cada copo?

Cada copo tem _____ mililitros.

8 Uma caixa-d'água tem 3 m de comprimento, 2 m de largura e 1,6 m de altura. Qual é sua capacidade, em litros?

Sua capacidade é _____ L.

9 Um aquário tem 40 cm de comprimento, 20 cm de largura e 30 cm de altura. Quantos litros de água cabem nesse aquário?

Cabem _____ L de água nesse aquário.

Desafio

Matias comprou 5,6 L de suco de uva por R$ 30,80. Por quanto deve vender cada decalitro para obter um lucro de 10% no negócio?

Matias deve vender cada decalitro por _____.

Unidade 11 — Medidas de massa e de capacidade

Tarefa 69

1 Observe atentamente a ilustração e responda.

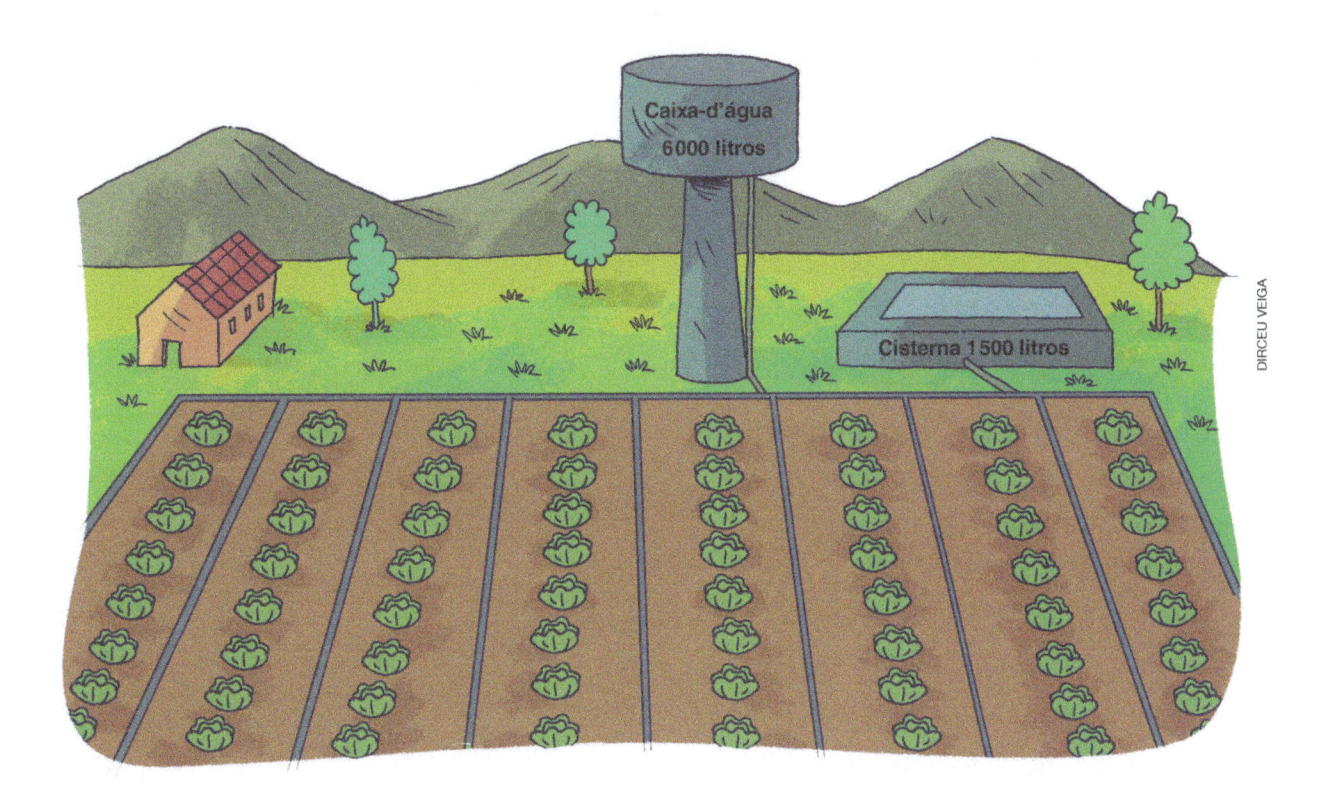

Caixa-d'água 6000 litros

Cisterna 1500 litros

a) Qual é a capacidade da caixa-d'água? E da cisterna?

_____

_____

b) Em 12 horas o sistema de irrigação consome toda a água da caixa. Qual é a vazão desse sistema de irrigação em litros por hora?

_____

2 Meu carro faz 12 km com 1 L de combustível. Em uma viagem de 300 km, quantos litros gastarei?

Gastarei _____ L de combustível.

cento e quarenta e um 141

Unidade 11 Medidas de massa e de capacidade

3 Qual é o número mínimo necessário de caminhões-pipa, com capacidade de 10 metros cúbicos cada, para encher uma piscina com capacidade de 108 000 litros?

São necessários, no mínimo, _____ caminhões-pipa.

4 Observe as informações do texto e da ilustração para responder às questões.

Uma distribuidora de materiais de construção comercializa areia em embalagens de dois tipos. Um tipo comporta 500 g, e outro, 1 kg e 500 g de areia.

a) Se preciso comprar 12 kg de areia, quantos sacos posso comprar de cada tipo de embalagem?

_____

_____

b) Observe o preço de cada saco e verifique qual embalagem é mais econômica.

_____

Desafio

Uma caixa contém 24 garrafas de suco, cada uma delas com capacidade para 280 mL. Com 3 360 L de suco, quantas dessas garrafas podem ser enchidas? Quantas caixas serão necessárias para colocar essas garrafas?

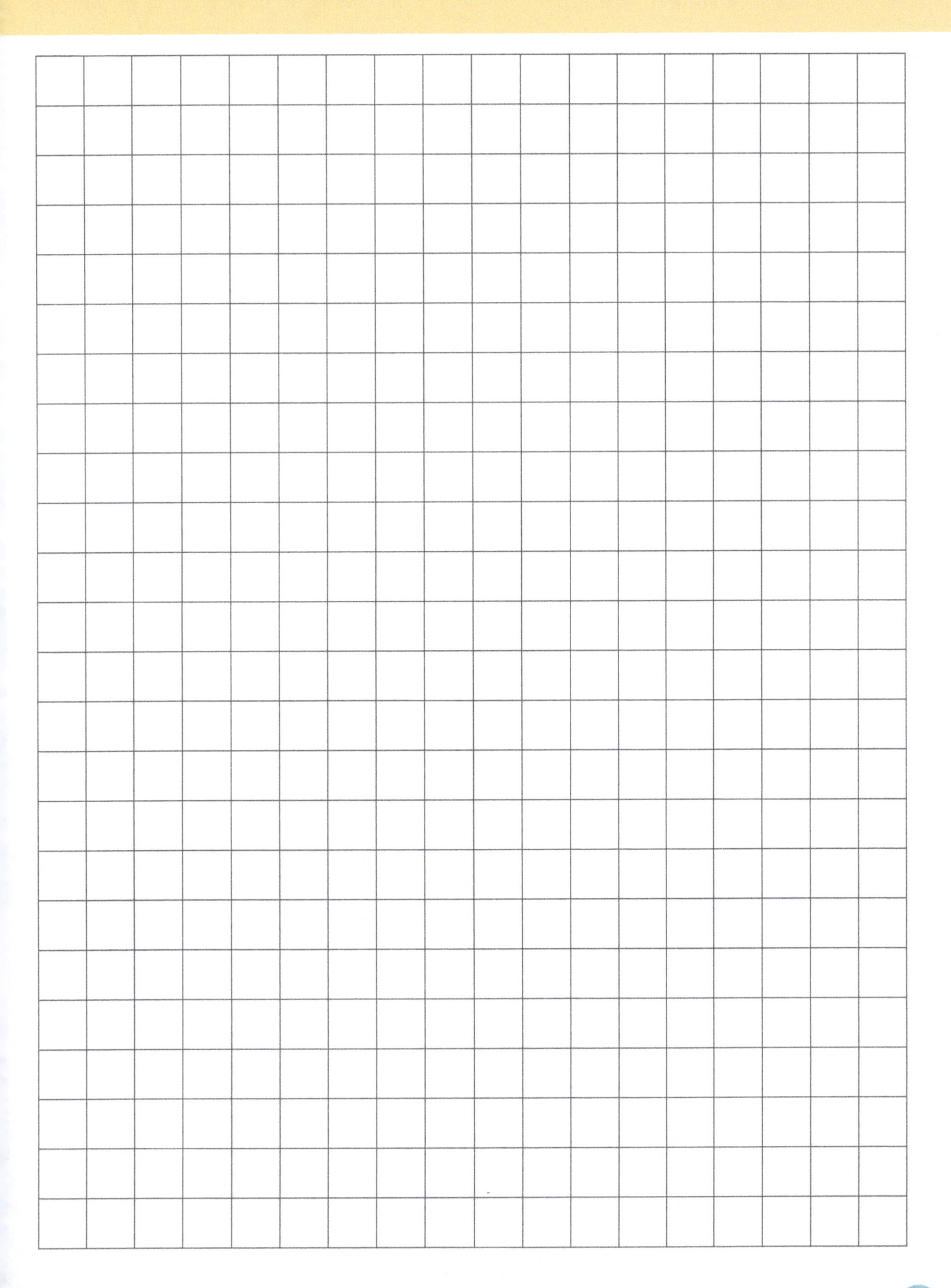